Inhalt

Vorwort   6
Draußen dekorieren   8

Schick gepflanzt   25

Deko-Lust im Grünen   69

Zimmer mit Ausblick   99

Florales für drinnen und draußen   143

Alle Ideen auf einen Blick   173
Adressen, die Ihnen weiterhelfen   174
Über die Autorinnen   175

Vorwort

Sie lieben ansprechend dekorierte Räume und haben Lust, etwas selbst zu gestalten? Sie möchten auch die Außenräume – und nicht nur den Garten, sondern ebenso Balkon, Fensterbank oder Hauseingang – schmücken? In diesem Buch erhalten Sie die passenden Tipps für dekorative Accessoires, schicke wie nützliche Gartenhelfer, ungewöhnliche Pflanzideen und charmante Gartenmöbel.

Lassen Sie sich ermutigen, lebhafte Farben in Ihr Leben zu integrieren und ungewohnte Dekors zu kombinieren – und warum nicht einfach den Garten zum zweiten Wohnzimmer erklären? Kleine Hingucker und liebevoll gestaltete Ecken verleiten zum Träumen, Arbeiten, Klönen und Feiern. Bunte Gewächse werden in Alltagsgegenstände verpflanzt und Gebrauchsgegenstände gärtnerisch neu interpretiert. Ihr Garten bietet grenzenlose Möglichkeiten, sich nach Lust und Laune kreativ auszuleben.

Wie viel schöner sind die Sonnenstunden und lauen Sommernächte, wenn sie im individuell gestalteten Garten, auf der Terrasse oder dem Balkon gelebt werden? Aber nicht nur im Sommer ist der Garten ein Ort, wo gelebt und dekoriert werden will: Das Aussäen und Eintopfen im Frühjahr macht mit bunten Helfern und selbstgemachten Pflanzschildchen gleich noch mehr Spaß. Mit kleinen Details wie einem Blätter-Bild für die Terrasse oder Pappmache-Pilzen in kräftigen Tönen lässt sich der Charme eines Herbstgartens noch unterstreichen, und Accessoires wie Ast-Wärmer oder Spitzenkugeln zaubern eine märchenhafte Winterstimmung.

Damit Ihre Lieblingsideen garantiert gelingen, finden Sie einleitend alle wichtigen Techniken. Denn beim Basteln und Dekorieren gilt für uns: »Der Weg ist das Ziel!« Die Umsetzung ist genauso wichtig wie das fertige Ergebnis. Denn der schöpferische Prozess selbst – das Experimentieren mit Farben, Formen und Materialien, das Entdecken neuer Gestaltungstechniken – ist entspannend und bereichernd.

Es spielt gar keine Rolle, ob das Objekt rein dekorativ oder zusätzlich auch noch praktisch und nützlich ist. Und die Gestaltung muss dabei keinem Raster oder

Schleifen, Lackieren, Bekleben oder Bedrucken … Die erfahrene Stylistin und passionierte Handwerkerin **Tanja Kosub** verwandelt Flohmarktfunde mit ungewöhnlichen Dekortechniken in echte Lieblingsstücke.

einer strengen Linie folgen: Ganz nach dem Motto »Erlaubt ist, was gefällt« spielen wir gerne mit verschiedenen Stilen und sämtlichen Zwischentönen von klassisch-natürlich-schlicht bis zu knallig-poppig-bunt. Und wenn es dann auch noch den Freunden und der Familie gefällt und man so seinen Mitmenschen ebenfalls eine kleine Freude bereiten kann, ist das natürlich umso schöner.

Mit einer guten Idee und ein paar Handgriffen lässt sich Verblüffendes erreichen und aus »wenig« sehr viel machen. Halten Sie die Augen offen, und Sie werden immer etwas finden, das sich auf irgendeine Art und Weise verwenden lässt – sei es eine Idee, die man sich merkt, Tannenzapfen oder Zweige und Äste, schöne alte Stücke vom Flohmarkt und, und, und … Vielleicht sind Sie ja auch so jemand, der an keinem Speicher oder Trödel vorbeikommt, weil Sie in einzelnen Schubläden, Brettern oder Dosen keinen Sperrmüll, sondern erstklassiges Dekomaterial erkennen?

Auch Kinder, die ohnehin einen ausgeprägteren »Sammlerinstinkt« besitzen als Erwachsene, sind hervorragende Material-Sucher und Deko-Elemente-Finder. Ein gemeinsamer Spaziergang durch den Wald kann da ungeahnte Schätze zu Tage bringen. Legen Sie sich einen Fundus an, er wird wie von alleine wachsen. In unseren Anleitungen wird genau beschrieben, welche Materialien und Werkzeuge Sie jeweils benötigen. So können Sie auch ganz einfach die »Abkürzungen« Baumarkt, Blumenladen oder Gartencenter nehmen und gleich loslegen.

Mit diesem Buch möchten wir Ihnen eine Fülle von Inspirationen an die Hand geben. Der eigenen Kreativität sind jedoch keine Grenzen gesetzt. Lassen Sie sich von Ihrem Garten und der Natur bezaubern, spielen Sie mit den Möglichkeiten – freuen Sie sich über Ihre blühende Fantasie.

Wir wünschen Ihnen nun viel Spaß beim Ausprobieren der Ideen und genussvolle Stunden unter freiem Himmel!

Gespür für die Materialien und Farben und die Leidenschaft fürs Gestalten sprechen aus **Shanthi Schwinges** Deko-Ideen. Sie liebt das Spiel mit verschiedenen Stilen und lässt sich dabei gerne von der Umgebung und ihren Kindern inspirieren.

Draußen dekorieren

Wenn man die Natur im Lauf der vier Jahreszeiten wahrnimmt und sich von ihrer Vielfalt inspirieren lässt, befindet man sich schon auf halbem Weg zu einer gelungenen Dekoration. Den Rest schaffen Sie spielerisch – mit gutem Werkzeug, geschickten Handgriffen und den Tipps aus den Anleitungen.

Das wichtigste Werkzeug für all Ihre Bastel- und Dekorationsarbeiten ist Ihre Kreativität. Um diese zu wecken, hilft es zum Beispiel, sich in die Mitte des Gartens zu stellen, tief einzuatmen, Geräusche und Düfte wahrzunehmen und auf sich wirken zu lassen. Dabei werden Sie bei einem Rundumblick vielleicht gleich auf die zweite wichtige Grundlage Ihres Dekovorhabens stoßen – den geeigneten Platz für Ihre Idee. Wir empfehlen Ihnen, sich in Ihrem Garten Bereiche zu schaffen, die Sie mit unterschiedlichen »Ensembles« bespielen. Die Dekoarbeiten kommen besser zur Geltung, wenn Sie sie wie kleine Stillleben inszenieren. Schöner wirken ein oder zwei kleine, abgeschlossene Themenwelten als zu viele Einzelelemente, die sich ohne Zusammenhang im ganzen Garten verteilt finden. Suchen Sie sich für die Ideen geeignete Stellen an Bäumen oder Sträuchern, auf der Terrasse, am Geländer, am Teichufer oder Hauseingang. Spielen Sie mit Ihrer Umgebung. Stellen Sie sich vor, dass Sie ein begehbares Gemälde erschaffen.

Natürlich bedarf es noch ein paar richtiger Werkzeuge zum Schneiden, Sägen, Schleifen, Kleben und Malen – aber lassen Sie sich davon nicht abschrecken, denn das meiste haben Sie bestimmt im Haus, können es sich bei Freunden oder Nachbarn ausleihen oder im Baumarkt und im Bastelgeschäft besorgen.

Schneiden und fixieren

Zur **Grundausstattung** zählen zum einen eine stabile, ebene Arbeitsfläche mit **Schneideunterlage** und ein **Schneidemesser** (auch Cutter genannt) für feine Schneidearbeiten. Mit einem Cutter lassen sich mit etwas Geschick auch feingliedrige und »kurvige« Dinge aus Papier ausschneiden. Ist die Klinge stumpf geworden, brechen Sie sie an der dafür vorgesehen Sollbruchstelle vorsichtig mit einer **Zange** ab. Vorsicht: Beim Abbrechen durch Drücken auf einen Tisch fliegen die Klingenbruchstücke oft unkontrolliert umher.

Zum Schneiden von einfacheren Papierarbeiten sollten Sie eine **Papierschere** zur Hand haben. Blumen, Äste oder Sträucher schneiden Sie mit einer **Gartenschere** oder einem scharfen **Küchenmesser**. Für Textilien empfiehlt sich eine **Stoffschere**. Schneiden Sie mit dieser niemals Papier, sonst wird sie stumpf. Um flache Bauteile zu halten oder Basteldraht durchzuzwicken, benötigen Sie eine sogenannte **Kombizange**. Sie vereint die beiden wichtigsten Grundfunktionen einer Zange in sich: Greifen und Schneiden. Für filigranere Arbeiten ist manchmal noch eine längere, dünne **Spitzzange** hilfreich, mit der Sie Materialien umbiegen oder festhalten können. Ein kleiner Seitenschneider erlaubt präzise Schnitte.

Zum Halten und Fixieren sind einfache **Wäscheklammern** exzellente Assistenten. Wird etwas mehr Druck benötigt, nehmen Sie lieber eine **Architektenklammer**. Soll die Fixierung von bleibender Dauer sein, verwenden Sie einen **Handtacker** oder eine **Heißklebepistole**. Wichtig sind auch **Klebesticks** für die **Heißklebepistole** – diese sind im Bastelbedarf und beim Baumarkt in unterschiedlichen Farben zu finden.

Unten: Legen Sie sich das richtige Werkzeug schon zu Beginn der Arbeit bereit.

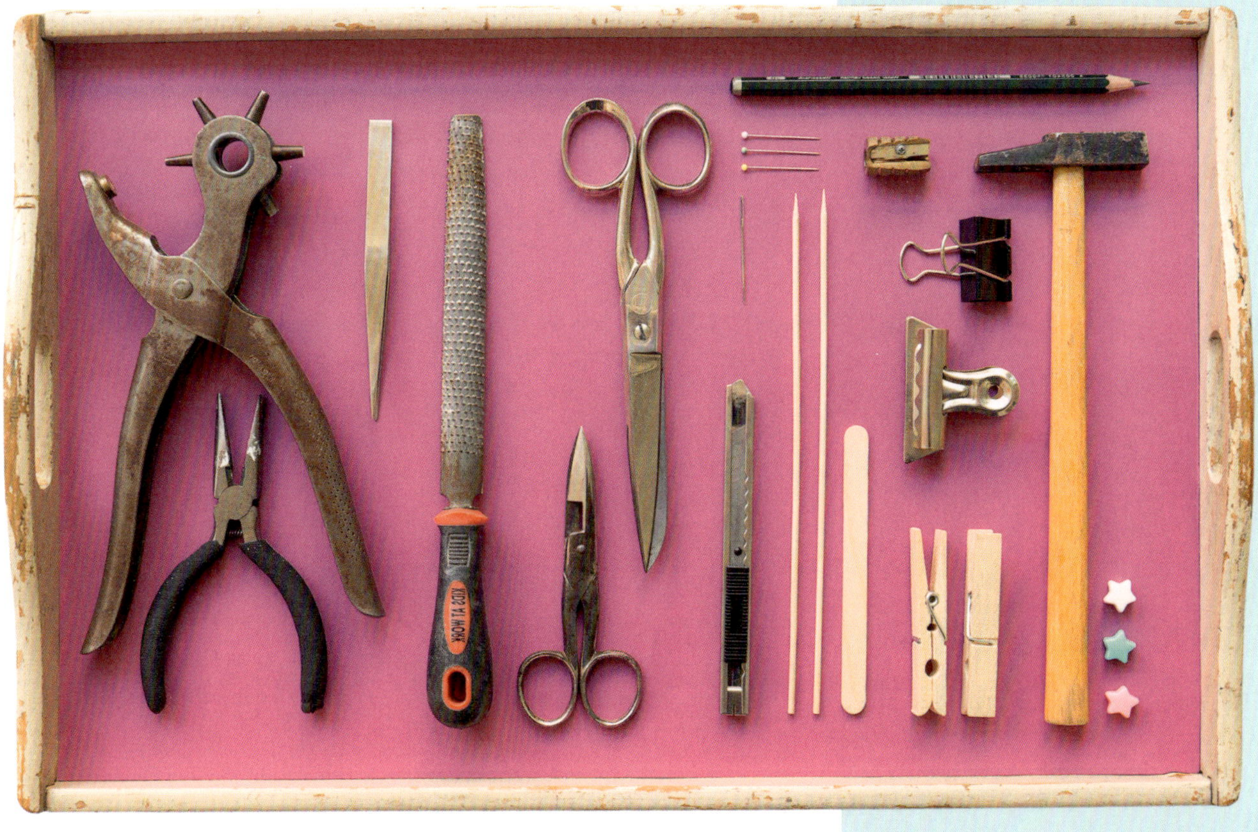

Draht (in unterschiedlichen Stärken, Blumendraht oder Basteldraht), **Bänder,** **Schnüre** (Baumwollgarn, Dekoschnüre) oder **Faden** (Nähgarn, dickere Wachsfäden) benötigen wir, um Materialien miteinander zu verbinden oder Objekte zu schmücken.

Zum Kleben verwenden wir je nach Projekt **Holzleim**, **Alleskleber** oder Klebeband in Form von sogenanntem **Malerkrepp, doppelseitigem Klebeband** und **Masking-Tape** als schmückendes Element. Für Papier- und Pappmachéarbeiten brauchen wir **Kaschierleim**. Dieser härtet aus und lässt das getrocknete Werkstück schon fast wie lackiert erscheinen.

Beim Bau oder dem Anbringen der Dekoration ist ein **Schraubendreherset** (am besten mit auswechselbaren »Bits« für unterschiedliche Schraubengrößen) genauso nützlich wie ein **Hammer**. Besonders hilfreich ist ein **Zimmermannshammer** – mit diesem können Sie mit der einen Seite Nägel einschlagen und mit der anderen Seite eventuell falsch gesetzte oder krumm eingeschlagene Nägel gleich wieder herausziehen.

Unten: Bänder und Schnüre gibt es in unzähligen Ausführungen. Zum Befestigen und Verzieren eignen sie sich gut für viele Dekoarbeiten.

Sägen, kürzen und schleifen

Zum Sägen von dünnen Holzplatten nehmen Sie eine **Laubsäge**. Der große Bügel erlaubt es, tiefer in die Platte zu sägen und dabei auch Kurven und präzise Kanten herauszuarbeiten. Die Sägeblätter werden mit den Zähnen nach unten (das heißt zum Griff zeigend) eingesetzt. Sie sind sehr dünn und brechen leicht, wenn sie sich verkanten. Mit etwas Übung sägt es sich rasch – dabei wird das Sägeblatt jedoch sehr heiß und reißt leicht. Um dies zu verhindern, kann man es immer wieder durch ein Stück Kernseife ziehen – die Gleitschicht schützt vor Reibungshitze.

Zum Kürzen von Ästen, Holzlatten oder beim Anpassen von Wurzel- und Rindenstücken verwenden Sie einen **Fuchsschwanz**. Besonders praktisch ist eine sogenannte **japanische Säge**. Diese ist sehr leicht und arbeitet »auf Zug«. Das ermöglicht einen saubereren, schnelleren Schnitt mit weniger Kraftaufwand. Am schnellsten geht es mit einer elektrischen **Stichsäge**. Mit etwas Übung lässt sich diese ähnlich wie eine Laubsäge für gerundete Schnitte einsetzen – allerdings sollten diese etwas großformatiger angelegt sein.

Zum Entgraten und Schleifen Ihrer Werkstücke benötigen Sie **Schleifpapier** in unterschiedlicher Körnung. Je höher die Körnung, desto feiner ist das Schleifpapier. Für unsere Zwecke reichen die **Körnungsgrade 80, 150 und 220**. Möchten Sie glatte Flächen schleifen, erhalten Sie das beste Ergebnis, wenn Sie dazu das Papier um einen Holzblock mit abgerundeten Kanten legen. Auf diese Weise kommt die gesamte Papieroberfläche mit dem Werkstück in Berührung. Schleifpapiere sollte man trocken lagern, lassen Sie sie daher über Nacht nicht im Freien liegen. Bequem handhabbare **Schleifschwämme** können zum Nass- und Trockenschliff verwendet werden und sind in verschiedenen Körnungen erhältlich. Der Nassschliff gewährleistet eine besonders feine Oberfläche. Für größere Flächen empfiehlt sich ein **Deltaschleifer**, mit dem Sie auch wunderbar kleine Ecken erreichen oder ein **Schwingschleifer**. Beachten Sie, dass Maschinen sehr viel mehr Material abtragen – starten Sie deshalb vorzugsweise mit einem feineren Papier. Mit **Drahtbürsten** kann man auch kleine Verzierungen und Intarsien bearbeiten.

Untergründe vorbehandeln

Bevor Sie Ihrer Fantasie freien Lauf lassen, sollte das jeweilige Objekt vorbehandelt werden. Dies ist eher eine Fleißarbeit, aber damit Sie Ihr Möbel oder Accessoire möglichst lange genießen können, bereiten Sie grundsätzlich alle Untergründe vor der Weiterverarbeitung entsprechend vor.

Holz

Prüfen Sie zunächst, ob und wie die Oberfläche behandelt wurde. Ist sie gewachst oder lackiert? Wenn Sie sich nicht sicher sind, erwerben Sie im Fachhandel einen entsprechenden **Wachsentferner** und verreiben diesen mit einem weichen Lappen auf dem Holz. Verfärbt sich der Lappen, handelt es sich um eine gewachste Oberfläche. Bleibt er hell, ist die Fläche lackiert.

Gewachstes Holz

Tragen Sie den **Wachsentferner** großzügig mit **Stahlwolle** auf das Holz auf und schleifen Sie die Oberfläche ab, bis das Rohmaterial zum Vorschein kommt. Verrichten Sie diese Arbeit im Freien oder in einem sehr gut belüfteten Raum. Da Wachsentferner auch die Haut entfetten, sollten Sie außerdem unbedingt Gummihandschuhe tragen. Nach der Entfernung der Wachsschicht kann ein gründlicher Nachschliff notwendig sein.

Lackiertes Holz

Dünn lackierte Oberflächen werden lediglich angeschliffen. Das heißt, der Untergrund muss nicht mehr als angeraut werden, bevor der neue Farbauftrag erfolgt. Um Massivholzmöbel von sehr dicken Lackschichten zu befreien, empfiehlt es sich, sie abzubeizen. Dazu tragen Sie das **Abbeizmittel** mit einem Pinsel auf die Holzoberfläche auf. Sobald sich der alte Lack kräuselt, ziehen Sie diesen mit einem **Spachtel** oder einer **Ziehklinge** ab. Arbeiten Sie abschnittsweise, und neutralisieren Sie die Fläche zum Abschluss mit Wasser. Schleifen Sie das Holz vor dem Anstrich leicht ab. Entfernen Sie den Schleifstaub prinzipiell sorgfältig mit einem Besen oder einem Pinsel.

Holzschutzgrund

Bevor Sie mit dem Lackauftrag beginnen, empfiehlt es sich, das Objekt nach Herstellerangabe mit einem **Holzschutzgrund** vorzubehandeln. Diese Spezialgrundierung schützt im Freien verwendetes Holz vor Bläue und Fäulnis. Da sich die Holzfasern durch die Feuchtigkeit aufstellen, sollten Sie die Oberflächen nach dem Trocknen nochmals anschleifen.

Metall

Angerostete und abgeblätterte Gegenstände und Gitter verleihen Ihrem Garten einen romantischen Shabby Charme Look. Mögen Sie es lieber ordentlicher, entfernen Sie zunächst die rostigen Stellen. Dies gelingt am besten mit einer **Drahtbürste**. Anschließend rauen Sie die Oberfläche mit einem **groben Schleifpapier** an und wischen den entstandenen Staub sorgfältig ab. Nun behandeln Sie die Oberfläche mit **Antirostgrund**.

Terrakotta

Bei Terrakotta handelt es sich um einen offenporigen Werkstoff, der sich beim Gießen mit Wasser vollsaugt. Farbanstriche blättern nach einiger Zeit durch die Feuchtigkeit ab. Streicht man im Frühjahr die Töpfe einfach nur grob über, entsteht im Lauf der Jahre entsteht eine wunderschöne Patina. Sie haben aber auch die Möglichkeit, die Topfinnenwände vor dem Bepflanzen bis zur Sättigung mit einem **Speiseöl** zu bestreichen. Dann erst verarbeiten Sie den Topf weiter. Das Öl versiegelt die Poren – allerdings nicht bis in alle Ewigkeit! Bei der nächsten Bepflanzung daher das Ganze einfach wiederholen.

Sonne, Regen und Schnee – die Outdoortauglichkeit

Materialien, die der Witterung ausgesetzt sind, altern schneller und weisen zügiger Verschleißspuren auf. Trotz allem möchten Sie natürlich möglichst lange etwas von Ihren Stücken haben. Deswegen empfiehlt es sich, ihre Oberflächen entsprechend zu behandeln. Natürlich ist es nicht immer möglich, seine Dekoarbeiten zu versiegeln oder feuchtigkeitsbeständige Stoffe wie Wachstuch o. Ä. zu verwenden. Denken Sie bei nicht so widerstandsfähigen Materialien wie Papier oder Textilien einfach daran, diese entweder im wettergeschützten Bereich zu verwenden oder sie nach Gebrauch aufzuräumen. Bei manchen Dekoelementen aus Stein oder Holz ist das oft nicht notwendig, da eine wind- und wettergegerbte Oberfläche durchaus einen besonderen Charme besitzt. Vorsorglich sollten Sie aber auch diese Stücke mit **Klarlack für den Außenbereich** versiegeln.

Links: Damit Holz nicht so schnell verwittert, sollten Sie die Oberflächen immer mit einem Klarlack für den Außenbereich versiegeln.

Jetzt kommt Farbe ins Spiel – der Farbauftrag

Die richtige Farbe

Zum Bemalen und Verzieren benötigen wir unterschiedliche Farben, bevorzugt **Acryllack**. Dieser ist wasserlöslich, leicht zu verarbeiten und hat keinen aggressiven Geruch. Für größere (Holz-/Metall-)Objekte im Außenbereich eignet sich **Kunstharzlack** besonders gut. Lacke gibt es meist in glänzender und matter Ausführung und sie werden in vielen Baumärkten auch nach Ihren Farbwünschen gemischt. Am besten verwenden Sie umweltfreundliche Lacke auf Wasserbasis und sorgen bei längeren Lackierarbeiten für eine gute Durchlüftung des Raumes. Lacke und insbesondere eine zusätzliche Lasur mit Klarlack können Ihr Werkstück brillanter, aber auch widerstandsfähiger gegenüber Witterungseinflüssen machen.

Farben selbst mischen

Sämtliche Farbtöne können Sie wunderbar selbst anmischen. Das bietet den Vorteil, dass Sie wirklich nur die Menge eines Tones herstellen, die Sie auch benötigen. Das spart Geld, Platz und vor allem Zeit. **Acryllacke auf Wasserbasis** können zudem mit **Künstleracrylfarben** oder **Abtönfarben** gemischt werden. Sie benötigen die Grundfarben Blau, Rot und Gelb, zusätzlich Weiß und Schwarz zum Abtönen. Beginnen Sie grundsätzlich mit dem hellsten Farbton.

Unten: Experimentieren Sie mit den Mischverhältnissen – und es eröffnet sich Ihnen eine überraschende Farbvielfalt.

- Blau und Gelb ergibt Grün
- Blau und Rot ergibt Violett
- Rot und Gelb ergibt Orange
- Pastelltöne erhalten Sie mit Weiß, gemischt mit der gewünschten Farbe. Ein zusätzlicher Tropfen schwarz intensiviert den Farbton. Möchten Sie zum Beispiel einen zarten Minzton herstellen, beginnen Sie mit dem Grundton Weiß. Nun rühren Sie ein Zitronengelb bei, es folgt ein Tröpfchen Blau.

Pinselsorten

Zum Malen, Lackieren und Verzieren sind unterschiedliche Pinsel vonnöten. Die Qualität eines Pinsels hängt von seinen Borsten oder Haaren ab. Für flächigere Arbeiten oder Grundierungsarbeiten empfiehlt sich ein **Borstenpinsel**, für feinere Arbeiten eher ein **Haarpinsel**.

Beim Lackieren von großen Flächen kommen Sie schneller voran, wenn Sie eine feinporige **Lackwalze** verwenden. Außerdem wird damit auch meist der Anstrich schöner und gleichmäßiger. Ganz ohne Pinsel kommt man aber auch hier nicht aus, denn Ecken sind mit dem Roller nur schwer oder gar nicht zu erreichen. Eine gewalzte Fläche ist nie ganz glatt – sie wird immer etwas rau. Walze und das **Abstreifgitter** für überschüssige Farbe sollten auch gleich nach Gebrauch, je nach Farbe/Lack mit dem passenden Lösungsmittel gereinigt werden, damit sie mehrfach verwendet werden können.

Weitere kleine Helfer sind **Wattestäbchen, Pinzette, Stecknadeln, Schaschlikspieße** oder **Zahnstocher**.

Folgende Arten von Pinseln sollten Sie in Ihrem Heimwerkersortiment führen:

- **Großer Flachpinsel:** Diese Pinsel eigenen sich aufgrund ihrer Form sehr gut für große Flächen.

- **Kleiner Flachpinsel:** Diese eignen sich besonders für die Serviettentechnik und für das Streichen kleiner Flächen.

- **Rundpinsel:** Als Rundpinsel bezeichnet man Pinsel mit einem runden Kopf. Sie sind bestens für kleine und unebene Flächen geeignet und werden sowohl für Maler- als auch für Lackierarbeiten genutzt.

- **Schablonierpinsel:** Sie haben besonders kurze Borsten und werden aus einem Rundpinsel gebastelt (siehe Anleitung Seite 20).

Tipp Säubern Sie Ihre Pinsel sorgfältig und lassen Sie sie nicht auf die Haare oder Borsten gestellt im Wasser stehen. Am besten nach dem Reinigen aufhängen, so bleiben die Borsten schön glatt. Pinsel sollten generell so gereinigt werden, dass sie sich dabei nicht stark verformen.

Tipp

Beim Vorstreichen von Kanten und Winkeln die Farbe nicht ganz trocknen lassen, ehe Sie mit dem Streichen der größeren Flächen beginnen.

Unten: Mit Farbe und Pinsel oder einer Lackwalze lassen sich viele Dinge im Handumdrehen umgestalten.

Lackieren

Einfach in der Handhabung sind **Acryllacke auf Wasserbasis**. Diese können Sie wunderbar untereinander oder mit Abtönfarben mischen. Tragen Sie die Farbe mit einem **Flachpinsel** in Maserrichtung auf, für größere Flächen verwenden Sie eine **Lackrolle**. Pinsel oder Rolle führen Sie federleicht über die Oberfläche. So wird verhindert, dass sich Bläschen und Streifen bilden. Ist die Farbe zu dickflüssig, mischen Sie einfach etwas Wasser bei.

Achten Sie darauf, jede einzelne Lackschicht gut trocknen zu lassen, bevor Sie Ihr Werkstück weiter bearbeiten oder neue Schichten auftragen. Wenn es fertig designt ist, geben Sie ihm einen schützenden Schlussanstrich, und zwar mit einem **Klarlack**, der auch für den Außenbereich tauglich ist.

Beizen

Beizen dient zum Färben von Holz. Die natürlichen Strukturen werden erhalten, die Maserung bleibt sichtbar. **Beize** schützt das Holz allerdings nicht vor Schimmel oder Feuchtigkeit, weshalb eine abschließende **Versiegelung** empfehlens-

wert ist. Schütteln Sie die Beize vor Gebrauch gut durch. Tragen Sie diese dann in dem gewünschten Farbton flächig in Maserrichtung mit einem **Flachpinsel** auf. Die überschüssige Beize wischen Sie ebenfalls in Maserrichtung mit einem weichen, fusselfreien Tuch ab. Bevor Sie Ihr Werkstück versiegeln, schleifen Sie die Oberfläche glatt.

Metall anstreichen

Ihr Objekt ist entrostet, angeschliffen und grundiert. Nun haben Sie die Möglichkeit, einen **Kunstharz- oder Acryllack** aufzutragen. Abschließend bietet sich der Auftrag eines transparenten **Metallschutzes** an. Lassen Sie sich im Fachhandel zu einer aufeinander abgestimmten Produktkombination beraten.

Terrakotta Farbe geben

Bei diesem Material können sie zwischen **Acryllacken** oder **Abtönfarben** wählen. Besonders gut eignen sich die speziell für den Außenbereich entwickelten Farben **Patio Paint**. Sie sind wasserfest sowie lichtbeständig. Die fertigen Objekte werden abschließend mit dem dazugehörigen Glanzlack bestrichen.

Links: Lackiert mit schönen Pastellfarben bekommen Konservendosen eine zweite Chance.
Rechts: Mit Antikbeize dunkel gefärbtes Holz sieht edel aus und bildet eine schöne Basis für Dekortechniken.

Tipp

Für eine übergangslose Optik schleifen Sie die beklebte Fläche nochmal mit feinem Schmirgelpapier vorsichtig ab.

Unten: Mit der Serviettentechnik lassen sich spielend leicht kunstvolle Effekte erzielen.

Dekortechniken

Serviettentechnik

Diese Kreativtechnik eignet sich für alle denkbaren Gegenstände und Materialien. **Servietten** mit hellgrundigen Motiven ergeben besonders schöne Effekte, denn sie wirken wie auf die Objekte gemalt.

Belassen Sie die Serviette beim Ausschneiden oder Ausreißen in ihren 3 Lagen. Erst dann trennen Sie die bedruckte Lage vorsichtig ab. Die zu beklebende Fläche streichen Sie mit einem **Serviettenkleber** dünn ein. Legen Sie nun das Motiv auf und streichen es mit einem weichen **Flachpinsel** von innen nach außen glatt. Nach einer kurzen Trockenzeit bestreichen Sie das Motiv noch einmal mit dem Kleber. Für ein faltenfreies Ergebnis besteht die Möglichkeit, das gewünschte Stück Serviette mit einer statisch aufgeladenen Klarsichtfolie (z. B. einer Klarsichthülle) aufzunehmen und es dann vorsichtig auf die zuvor mit Kleber bestrichene Fläche zu legen. Von der Mitte nach außen wird das Ganze sorgfältig glattgestrichen, danach entfernen Sie die Folie behutsam. Zur Weiterbearbeitung lassen Sie den Kleber vollständig trocknen. Überstehendes Papier schneiden Sie vorsichtig mit einem scharfen Cutter ab. Dafür ziehen Sie die Klinge gleichmäßig in einer Richtung an der Werkstückkante entlang.

Découpage-Technik

Découpage kommt von dem französischen Wort »découper« und bedeutet übersetzt »ausschneiden«. Diese Technik ist eine jahrhundertealte Kunst, Papiermotive zu neuen Dekors zusammenzusetzen und damit Oberflächen zu bekleben. So lassen sich Schranktüren, Stuhlsitzflächen und Schubladen wunderbar neu gestalten. Wie für die Serviettentechnik benötigen Sie **Kleber, Schere** und **Papier**. Im Fachhandel erhalten Sie spezielle **Découpagekleber** und entsprechende Papiere, aber auch mit **Tapeten** und **Kleister** lassen sich tolle Oberflächen designen. Sehr praktisch sind auch für empfindliche Materialien geeigneten **Rakeln** aus Moosgummi oder spezielle **Andrückspachteln**: Lufteinschlüsse werden damit vorsichtig zum Rand hin rausgedrückt, so erhält man eine perfekt beklebte, blasenfreie Oberfläche. Achten Sie beim Kaschieren von großen Holzflächen darauf, beide Seiten zu behandeln, damit sich nichts verzieht.

Flächen mit Stoff bespannen

Es kommt immer wieder vor, dass es eine Fläche neu zu bespannen gilt. Einfach zu verarbeiten sind **Stoffe von fester Qualität** wie **Bezugsstoffe, Wachstuche** und **Planen**. Unifarbene Stoffe verarbeiten sich unkomplizierter als solche mit Muster. Als Hilfsmittel benötigen Sie **Schere, Handtacker, Tackerklammern** in entsprechender Größe, **Seitenschneider** und **Schlitzschraubendreher**.

Schneiden Sie Ihren Stoff auf das gewünschte Plattenmaß zu – dabei sollten Sie unbedingt eine Zugabe von 5–10 cm zum Befestigen auf der Rückseite einkalkulieren. Legen Sie das Stück Stoff plan auf eine ebenmäßige Arbeitsfläche. Nun platzieren Sie Ihre Platte mittig auf den Stoff, ringsum stehen Ihre Stoffzugaben gleichmäßig über. Klappen Sie nun die Stoffzugabe auf der ersten Längsseite um und tackern Sie den Stoff auf die Rückseite der Platte fest – zuerst von der Mitte aus bis zum linken Seitenende, dann von der Mitte bis zum rechten Seitenende. Danach folgt die gegenüberliegende Längsseite in der gleichen Weise, dabei tackern Sie mit ein wenig Spannung auf. Es folgen die kurzen Seiten in der gleichen Vorgehensweise. Nur an den Ecken befestigen Sie den Stoff noch nicht ganz, denn hier benötigen Sie etwas Platz, um den überstehenden Stoff umzuschlagen! Am Ende legen Sie die Plattenecken fein säuberlich in eine Stofffalte und klappen diese plan ein. Mit zwei Tackerklammern befestigen Sie diese parallel zur Kante. Bei gemusterten Stoffen (z. B. Mit Karos oder Streifen) ist es wichtig, einen gleichmäßigen Zug beim Antackern auszuüben, da sich ansonsten Wellenmuster einschleichen! Überprüfen Sie zwischendurch das Ergebnis, bevor Sie die Ecken befestigen.

Tipp Falls mal eine Klammer nicht richtig sitzen sollte, hebeln Sie diese mit dem Schraubendreher vorsichtig an und entfernen sie mit dem Seitenschneider.

Schablonieren

Holzflächen und Wände lassen sich wunderbar mithilfe einer **Schablone** bedrucken. Sie haben die Möglichkeit, fertige Schablonen im Bastelbedarf zu erwerben oder aber sich in einem Fachgeschäft ein selbst entworfenes Exemplar
aus Klebefolie plotten zu lassen. Dies empfiehlt sich, falls Sie einen individuel-
len Text oder ein Logo aufdrucken möchten. Platzieren Sie Ihre Schablone auf
den gewünschten Untergrund und kleben Sie die Ränder Fest. Stellen Sie sich
außerdem ein flaches Tellerchen mit ein wenig **dickflüssiger Farbe** bereit. Nun
verwenden Sie einen von Ihnen selbst angefertigten **Schablonierpinsel** (siehe
Anleitung unten). Bedecken Sie seine Borsten oberflächig mit etwas Farbe und
tupfen Sie die überschüssige Farbe an einem Krepptuch ab. Nun klopfen Sie
die Pinselspitze kraftvoll senkrecht auf die ausgesparten Teile der Schablone.
Diese Methode garantiert gestochen scharfe Ränder und verhindert das Verlau-
fen der Farbe. Lassen Sie den Farbauftrag zwischendurch trocknen und klopfen
Sie dann ein weiteres Mal darüber.

Herstellen eines Schablonierpinsels

Benötigt wird ein handelsüblicher Rundpinsel mit ca. 3 cm Durchmesser.
Kleben Sie die Borsten am unteren Borstenrand auf der Höhe von 2 cm ganz

Unten: Mit Schablone und Schablonierpinsel sind Muster ein Klacks.

fest zusammen. Schneiden Sie nun die Borsten mit einem scharfen Cutter bis auf 1 cm Länge herunter. Eventuell kleben Sie noch einmal fest nach. Dies ist eine Technik aus der Zeit, als es noch den Beruf des Plakatmalers gab.

Textilien bekleben und bedrucken

Auch Stoffe können Sie mit der Serviettentechnik wie zuvor beschrieben verzieren. Verwenden Sie hierfür lediglich ein **Textil-Medium**. Nach dem vollständigen Trocknen fixieren Sie das Motiv durch Bügeln laut Herstellerangabe, dann können Sie den Stoff problemlos bei 30 °C waschen.

Wenn Sie Textilien bedrucken möchten, haben Sie die Möglichkeit, mit einer **Textilfolie** zu arbeiten. Die Vorlage wird auf die Textilfolie ausgedruckt, dabei müssen Bild und Text seitenverkehrt sein. Beim Ausschneiden belassen Sie einen schmalen Rand um Ihr Motiv. Zu guter Letzt bügeln Sie das Ganze mit Druck auf, das **Bügeleisen** wird dafür auf Baumwoll-Temperatur gestellt. Den Stoff einige Minuten lang abkühlen lassen, dann die Abdeckfolie entfernen.

Eine weitere Möglichkeit Textilien zu bedrucken, bieten vorgefertigte **Siebdruckschablonen**. Diese legen Sie glatt auf Ihren Stoff und bringen dann die Textilfarbe mit einer **Rakel** auf. Durch die Zugabe eines speziellen Textilmediums können Sie verschiedenste Farben in Stofffarbe verwandeln. Fixiert wird nach dem Trocknen mit dem Bügeleisen.

Highlights

Sogenannte Highlights lassen sich ganz leicht mit einem **3-D-Liner** oder einer **Konturenfarbe** für Seidenmalerei setzen. Diese fantastischen Tübchen und Stifte gibt es in allen erdenklichen Farben und Glitzertönen. Man kann mit ihnen wunderbar Ornamente zeichnen, kleine Pünktchen und Schriften malen oder einfach noch einmal ein Muster nachziehen. Auf Holz verwendet wird das Ganze nach dem Trocknen mit Klarlack versiegelt, Textilien werden zum Fixieren gebügelt.

Bepflanzung

Bepflanzt werden können jegliche Gegenstände und Behältnisse. Gewährleisten Sie lediglich, dass das Wasser gut ablaufen kann. Mit Ausnahme von Wasser- und Sumpfpflanzen lieben die meisten Gewächse einen eher maßvoll gewässerten Erdboden. Bei überdachten Stellplätzen reicht es notfalls aus, darauf zu achten, die Pflanzen nicht zu übergießen, sodass keine schädliche Staunässe entsteht.

Wenn Ihr Pflanzgefäß keine Löcher im Boden aufweist, haben Sie die Möglichkeit, diese mit einem Bohrer zu ergänzen oder mit einem Dorn mehrere Löcher in den Objektboden zu stoßen. Bevor Sie die **Blumenerde** einfüllen, decken Sie die Löcher mit einigen Tonscherben aus ausgemusterten Blumentöpfen oder ein paar Kieseln locker ab – so können sie nicht verstopfen und ein guter Wasserablauf ist garantiert. **Blähton-Granulat** eignet sich besonders gut als Dränage. Bei einigen Behältnissen empfiehlt es sich außerdem, sie zuvor mit einer leichten **Teichfolie** auszuschlagen. Das ist besonders ratsam, wenn Sie rostanfällige Metallgegenstände bepflanzen möchten. Auch Pflanzgefäße aus Holz sind durch Folie oder eingepasste Plastikbehälter vor allzu viel Feuchtigkeit geschützt. Auch hier die Löcher nicht vergessen.

Damit Sie möglichst lange Freude an Ihrer kleinen Oase haben, überlegen Sie zuvor sorgfältig, welche Pflanze an welchen Standort passt. Nicht jede Pflanze verträgt pralle Sonne, andere kümmern im vollen Schatten kläglich vor sich hin. Um die optimale Blumenerde für Ihre Schützlinge zu finden, ist eine Beratung im Fachhandel ratsam.

Unten: Individuell gestaltete Pflanztöpfe – das Tüpfelchen auf dem i im Garten. Mit Patina sorgen sie für trendigen Shabby-Charme.

Der Fundus – Bastel- und Dekomaterialien

Basis des Fundus sind **Alltagsgegenstände** wie **Flaschen, Gläser, Blumen-töpfe und Schalen, Konservendosen, Holzkisten, Stoffreste** und **bunte Papiere**. Diese alltäglichen Dinge können mit einigen Kniffen verziert und kombiniert werden, damit sie einen neuen Zweck erfüllen und sich harmonisch in ihre neue Umgebung einfügen. Für unsere Gartenmöbel finden Sie die »Rohstoffe« auf Speichern, Flohmärkten, Wertstoffhöfen – längst vergessene **Stühle und Tische**, sogar einzelne **Schubläden, alte Bretter und Paletten** erstrahlen mit etwas Kreativität und Freude am Basteln als einzigartige Gartenschmuckstücke in neuem Glanz.

Naturmaterialien wie beispielsweise **Holz, Wurzeln, Blätter** oder **Kürbisse** und **Kastanien** sind hervorragend zum Basteln geeignet. Und natürlich nicht zu vergessen: **Blumen** – egal ob frisch oder getrocknet! **Weinreben, Weiden, Beeren, Zapfen, Gräser, Steine** und **Moos** – lassen Sie sich doch einfach von Ihrem Garten, den Angeboten auf dem Wochenmarkt oder bei einem Spaziergang inspirieren.

Unten: Aus der Natur und dem Bastelgeschäft: Legen Sie einen Fundus mit verschiedenen Materialien an.

Schick gepflanzt

Ideen für Garten-, Terrassen- und Balkonecken aller Art.

Hier wird alles bepflanzt, was als herzlicher Gastgeber

für Ihre blühende Fantasie dienen kann.

Typo-Topf

Lesen im warmen Sommergarten – leider bleibt nicht immer genügend Zeit, sich diesem Genuss hinzugeben. Trotzdem kann die Typografie ins Freie wandern, indem wir einfach einen Übertopf mit einer alten Zeitung verschönern.

1_ Der Topf muss frei von Dreck und Staub sein, damit der Kaschierleim gut haftet. Vor der Verarbeitung gründlich reinigen.

2_ Aus der Zeitung die Stellen aussuchen, die am besten gefallen, und diese herausreißen (ausgeschnitten mit einer Schere ergibt sich eine strengere Linie). Hübsch sieht es aus, wenn sich Überschriften, Fließtext und Bilder abwechseln.

3_ Die vorbereiteten Zeitungsstücke bereitlegen und wie folgt anbringen: Eine Stelle des Topfes großzügig mit Kaschierleim bestreichen und das Papierstück darauflegen. Alle Falten sofort mit dem Pinsel oder Finger vorsichtig ausstreichen (Achtung, das feuchte Zeitungspapier reißt sehr leicht). So verfahren, bis der gesamte Topf bezogen ist. Daran denken, den Innenrand etwa 4 cm weit zu kaschieren, damit später keine Lücke sichtbar ist.

4_ Den mittlerweile komplett bedeckten Übertopf noch einmal dick mit Kaschierleim bestreichen und an einem gut belüfteten Ort zum Trocknen aufstellen. Eventuelle Lücken oder Risse können danach mit einer weiteren Schicht Zeitungspapier behoben werden.

5_ Um den Topf wetterfest zu machen, nach dem Trocknen mit einer Schicht Klarlack lackieren. Das Glänzen hebt die Typografie außerdem schön hervor!

Material

- Übertopf
- Zeitung
- Kaschierleim
- Pinsel
- Klarlack, hochglänzend

Tipp

Sehr schick sieht ein solcher Übertopf auch mit Ausschnitten aus einer alten Mode-Illustrierten oder aus Botanikbüchern aus!

Mehrwegdosen

Mit diesem grünen Blickfang verschönern Sie auch die kleinste Ecke – die alten Dosen versprühen Retro-Chick pur! Und die trendigen Sukkulenten sind nicht nur treue und pflegeleichte Begleiter, mit ihren plastischen Blattformen bilden sie einen tollen Kontrast zu den nostalgischen Töpfen.

Dosen

1_ Metalldosen können leicht auf Alt getrimmt werden. Hervorragend eignen sich dafür kleine Teedosen. Schleifen Sie die Oberfläche punktuell mit grobem Schleifpapier an, die Kanten können Sie mit einer Drahtbürste bearbeiten.

2_ Mischen Sie eine Kochsalzlösung an (etwa 1 EL Kochsalz auf 1 l Wasser). Legen Sie die bearbeiteten Dosen draußen an einen regengeschützten Ort und bestreichen Sie sie mehrmals am Tag mit der Lösung. Nach gut 10 Tagen setzt sich der gewünschte Rost an.

Bepflanzung

1_ Die vorbehandelten Dosen werden 1 cm hoch mit Dränagematerial (z. B. Kies oder Blähton) gefüllt. Nach dem Bepflanzen wird der Erdboden mit feinem Kies abgedeckt.

Material

Für die Dosen
• Dosen
• Schleifpapier
• Drahtbürste
• Kochsalzlösung

Für die Bepflanzung
• Kies
• Blumenerde
• Sukkulenten

Tipp Anstelle von Sukkulenten können Sie auch kleine Moosfarne in die Dosen pflanzen. Sie eignen sich besonders gut für schattige Plätze im Garten oder auf dem Balkon.

Topfgarten

Auch ein kleiner Garten kann entzücken – besonders dieser. Eine Oase im Miniformat zu gestalten, macht großen Spaß, weckt mit Sicherheit die Neugier des Betrachters und passt auch auf die Terrasse oder in den Hauseingang.

1_ Damit nicht der gesamte Eimer mit Erde aufgefüllt werden muss, als Erstes einen passenden Füllkern aus Styropor zurechtschneiden. Im Eimer sollte so viel Platz sein, dass eine etwa 10 cm dicke Erdschicht hineingefüllt werden kann. Das Styroporstück in eine Plastiktüte einwickeln und gut mit Klebeband verschließen.

2_ Das leichtgewichtige Päckchen in den Eimer legen und zuerst mit Blähton, dann mit Erde aufschütten. Dabei immer wieder gut rütteln, damit alle Löcher gefüllt sind und der Garten später nicht einsackt. Etwa 3 cm Platz zum Rand lassen und die Erde überall gut festdrücken.

3_ Überlegen, wo welcher Bereich des Minigartens angelegt werden soll, und an den entsprechenden Stellen kleine Gewächse pflanzen. Gut geeignet sind zum Beispiel immergrüne Bodendecker, da sie nicht zu hoch wachsen und je nach Sorte auch kleine Blüten tragen. Die frisch gepflanzten Gewächse gut anfeuchten.

4_ Mit Kieselsteinen, Mobiliar aus der Puppenstube und ein paar passenden Accessoires gilt es jetzt, den Garten fertig zu gestalten. Dabei sind der Fantasie keine Grenzen gesetzt: Ob Elfenwald, gepflegter Vorgarten oder idyllischer Rückzugsort – im Minigarten kann ganz einfach umgesetzt werden, was man sich im echten Garten vielleicht schon lange wünscht.

Material

- Emaileimer
- Styropor
- Plastiktüte
- Klebeband
- Blähton
- Erde
- kleine Pflanzen, Moos
- Kieselsteine
- Miniaturmöbel und Accessoires (z. B. Sitzgruppe, Gartenzaun, Gießkanne)

Tipp Eine kleine Wimpelkette basteln Sie ganz schnell aus Schnur und Masking-Tape. Einfach Stücke des Klebebands um die Schnur falten, mit einer Schere zurechtschneiden und die Enden der Schnur an zwei Holzstäbchen festknoten.

Blumenkoffer & Stuhl

Ich packe meinen Koffer und nehme mit… Natürlich alles, was blüht! Ob Sonnenanbeter oder Schattenpflanze, für dieses Schmuckstück mit passendem Stuhl findet sich in jedem Garten ein Plätzchen.

Sitz- und Rückenfläche

1 Schrauben Sie die Holzbretter vom Metallgestell ab und legen Sie diese plan und in der richtigen Reihenfolge auf einer Unterlage aus.

2 Nun werden die Bretter mit Schleifpapier angeschliffen und mit Holzschutzgrund vorbehandelt. Nach dem Trocknen erfolgt der Zwischenschliff.

3 Tragen Sie mit einem Flachpinsel die erste Schicht Acryllack im Farbton Brombeere auf und lassen Sie diese gut trocknen. Der zweite Anstrich folgt ganzflächig mit weißer Abtönfarbe. Nach der Trockenzeit können Sie die weiße Abtönfarbe nach Geschmack abschleifen, um den Stuhl auf Alt zu trimmen.

4 Kleben Sie nun Ihr Serviettenmuster wie in den Grundtechniken (siehe Anleitung Seite 18) beschrieben auf die gewünschten Stellen auf. Nach der entsprechenden Trockenzeit haben Sie die Möglichkeit, die Serviettenkanten und -flächen vorsichtig anzuschleifen.

5 Zum Abschluss tragen Sie sorgfältig Klarlack für den Außenbereich auf.

Metallgestell

1 Entfetten Sie das Metall mit etwas Glasreiniger oder Nitroverdünnung und schleifen Sie es an. Nun wird mit einem Rundpinsel weißer Metalllack aufgetragen.

2 Lassen Sie das Gestellt sehr gut trocknen. Danach werden die Holzleisten wieder in der richtigen Reihenfolge auf das Gestell geschraubt.

Bepflanzter Koffer

1 Bohren Sie einige Löcher als Abfluss in den Kofferboden und decken Sie diese mit Tonscherben ab. Zusätzlich wird der Kofferboden mit Dränagematerial bedeckt. Nun kann die Blumenerde eingefüllt und der Koffer bepflanzt werden.

Material

Für den Stuhl
- Klappstuhl aus Metall und Holz
- Schraubenzieher
- Schleifpapier
- Holzschutzgrund
- Flachpinsel
- Acryllack, brombeerfarben
- Abtönfarbe, weiß
- Servietten
- Serviettenkleber
- kleiner Flachpinsel
- Schere
- Cutter
- Klarlack für den Außenbereich
- Lackrolle
- Lackwanne
- Glasreiniger oder Nitroverdünnung
- Rundpinsel
- Metalllack, weiß

Für den Koffer
- Koffer aus Metall
- Metallbohrer
- Tonscherben
- Blähton o. Ä.
- Blumenerde
- Pflanzen

Rindentopf

Blumentöpfe gibt es natürlich schon in allerlei Varianten fertig zu kaufen – selbst gemachte gefallen uns jedoch immer noch am besten. Dabei lassen sich wunderbar Gefäße upcyceln. In der hier vorgestellten Birkenvariante passt sich der Topf schön einem natürlichen Garten an.

1_ Birkenrinde-Streifen eng um das Gefäß anlegen und am Rand mit Wäscheklammern fixieren – so kann der richtige Umfang genau abgemessen werden. Lässt sich die Rinde nur schwer in die richtige Form bringen, einfach ein paar Mal in beide Richtungen biegen und dadurch zunächst flexibler machen. Überstehenden Rand der Rinde kennzeichnen und mit dem Schneidemesser abschneiden.

2_ Ist die Rinde passend zugeschnitten, nach und nach die schmale Seite des Birkenrinde-Streifens in Wellenlinien mit Heißkleber bestreichen und die eingestrichenen Stellen sofort fest an das Gefäß pressen. Rinde rundherum mit Wäscheklammern fixieren und das Gefäß über Nacht stehen lassen.

3_ Jetzt muss der gut getrocknete Topf nur noch bepflanzt werden. Damit die Rinde nicht mit Erde beschmutzt wird, während des Bepflanzens einfach einen überstehenden Papierstreifen an den Rand klemmen, der anschließend wieder vorsichtig herausgezogen wird.

Material

- verschiedene Gefäße (z. B. Konservendose, alter Blumentopf)
- Birkenrinde-Streifen in entsprechender Länge
- Wäscheklammern
- Schneidemesser
- Bleistift
- Heißklebepistole und Heißkleber
- Erde und Pflanzen

Tipp

Ganz schnell lässt sich ein individueller Topf auch mit Moos gestalten. Einfach eine Dose großzügig mit Bastelleim bestreichen, Moos daraufpressen und das Ganze mit einer dekorativen Schnur umwickeln.

Zaungäste

So schön kann Ordnung sein! Bei dieser bunten Wand werden Ihre Nachbarn vor Neid erblassen ... Schnell gebaut bietet sie viel Platz für Pflanztöpfe, Werkzeug – und die ein oder andere (Garten-)Trophäe.

Material

Für die Zaunwand

- alte Bretter
- Stichsäge
- Holzschutzgrund
- Lackrolle
- Lackwanne
- Dachlatten
- Akkuschrauber
- Schrauben
- Schleifpapier
- Acryllack, türkisfarben
- Abtönfarbe, weiß
- Flachpinsel
- Klarlack
- Möbelknöpfe

Für die Bepflanzung

- Zinneimer
- Bohrer
- Blähton
- Blumenerde
- Pflanzen

Zaunwand

1_ Sägen Sie alte Holzbretter in unterschiedliche Längen zu und tragen Sie mit einer Lackrolle den Holzschutzgrund auf.

2_ Schrauben Sie die Bretter auf zwei Dachlatten und schleifen Sie das Holz ab. Nun kann die erste Schicht türkisfarbener Acryllack mit der Rolle aufgetragen werden, die Farbe gut trocknen lassen.

3_ Bepinseln Sie nun kleine Abschnitte dünn mit weißer Abtönfarbe. Nach dem Trocknen wird diese an manchen Stellen ganz nach Ihrem Geschmack abgeschliffen. Es folgt ein sorgfältiger Abschlussanstrich mit Klarlack für den Außenbereich.

4_ Bohren Sie nun Löcher für die Möbelknöpfe ins Holz. Planen Sie dabei genügend Abstand für die hängenden Pflanztöpfe ein. Basteln Sie mit Blumendraht mehrere Halterungen für die Zinneimer und hängen Sie diese an die Möbelknöpfe.

Bepflanzung

1_ In die Eimerboden werden Löcher als Abfluss gebohrt. Füllen Sie etwas Dränagematerial (z. B. Blähton) ein, bevor die Töpfchen bepflanzt werden.

Tipp Nutzen Sie alte abgebrochene Bretter vom Bau. Zusätzliche Dekorationen wie ein aufgepepptes Hirschgeweih geben der Bretterwand einen frechen Look!

Pflanzgefäße aus Beton

Werden Sie zum Beton-Künstler! Wer einmal mit diesem Material gearbeitet hat, erkennt schnell die vielseitigen Verwendungsmöglichkeiten für passionierte Selbermacher. Einfach toll, wie sich aus dem flüssigen Material (fast) jede erdenkliche Form gießen und zum modernen Statement machen lässt.

Material

- Estrichbeton (feine Körnung)
- Wasser
- Gefäß zum Anrühren
- Schneebesen, Bohrmaschine mit Rühraufsatz oder ein alter Holzlöffel
- Haushaltshandschuhe, Atemschutzmaske, Schutzbrille
- flexible Plastikgefäße als Gießform (Joghurtbecher, Schalen, Tetrapackungen …)
- Steine zum Beschweren
- Speiseöl oder Silikonspray
- Pinsel
- Plastikfolie oder Zeitungspapier als Unterlage
- Blumenerde und Pflanzen

1_ Bevor Sie mit der Arbeit beginnen, achten Sie auf eine gute Vorbereitung – das heißt: Arbeitsfläche mit Plastikfolie oder Zeitungspapier abdecken, alle benötigten Gefäße und Geräte bereitstellen und Schutz anlegen (eine Atemschutzmaske schützt vor dem Einatmen des aufwirbelnden Betonstaubs, zusätzlich sind Handschuhe und Schutzbrille zu empfehlen).

2_ Nun werden die Gussformen vorbereitet: Generell eignen sich flexible Gefäße gut, da sich die fertigen Betonteile daraus später leichter lösen lassen. Achten Sie generell darauf, dass die Öffnung der Form groß genug ist, sodass Sie das Objekt nach dem Aushärten wieder hindurchbringen. Am einfachsten ist es, wenn Sie dünne Plastikgefäße verwenden, die sich später aufschneiden lassen. Die ausgewählten Gefäße bestreichen Sie vor dem Befüllen dünn mit Speiseöl. Da unsere Pflanzgefäße später eine Öffnung haben sollen, wird ein zweites, kleineres Formgefäß benötigt, das wir in die Gussform hineindrücken können.

3_ Rühren Sie dann den Beton nach Packungsangabe an. Es kann kein pauschales Mischungsverhältnis angegeben werden, da sich die Körnungsgrade der Gesteinsmischungen sehr stark unterscheiden. Generell sollten Sie immer darauf achten, dass der Beton weder zu flüssig noch zu fest ist, Wasser und Betonpulver sich immer gut verbinden und so ein homogenes Gemisch entstehen kann.

4_ Die fertig angerührte Betonmischung gießen Sie nun vorsichtig in die vorbereiteten Gefäße und verdichten die Masse durch leichtes Rütteln, um Hohlräume durch Luftblasen zu vermeiden. Füllen Sie die Gussform nicht zu voll. Um die spätere Ausbuchtung des Pflanzgefäßes zu erzeugen, drücken Sie nun in den Beton ein kleineres Gefäß und beschweren dieses mit Steinen. Die Betonoberfläche streichen Sie so glatt wie möglich.

5_ Nun müssen die fertigen Gefäße aushärten. Lösen Sie nach etwa 24 Stunden die Betonobjekte vorsichtig aus ihrer Form und lassen Sie sie anschließend noch etwa eine Woche komplett austrocknen. Erst dann sollten sie weiter bearbeitet beziehungsweise verwendet werden.

6_ Nach der Trockenzeit können Sie die Gefäße bepflanzen: Hauswurz oder kleine Sukkulenten, die nicht viel gegossen werden müssen, eignen sich für die Betonobjekte besonders gut – denn diese sind nur bedingt wasserfest. Für Pflanzen, die viel Wasser benötigen, fertigen Sie am besten einen Übertopf aus Beton an.

Rechts: Mit Beton zu arbeiten ist gar nicht so schwer, wie manche glauben! Achten Sie aber darauf, Schutzkleidung wie Handschuhe oder Atemschutzmaske zu tragen.

Wichtig: Gießen Sie die Betonreste auf keinen Fall in den Abfluss, um ein Verstopfen der Leitungen zu vermeiden! Stattdessen lassen Sie das Mischgefäß aushärten und entsorgen es mit dem Müll. Arbeitsgeräte sollen immer gründlich mit Papiertüchern abgerieben werden.

Tipp Wem dieser Look zu puristisch ist: Beton lässt sich auch mit Farbe verzieren. Nehmen Sie dafür am besten einen handelsüblichen Buntlack und eine dünne Schicht Klarlack zum Versiegeln.

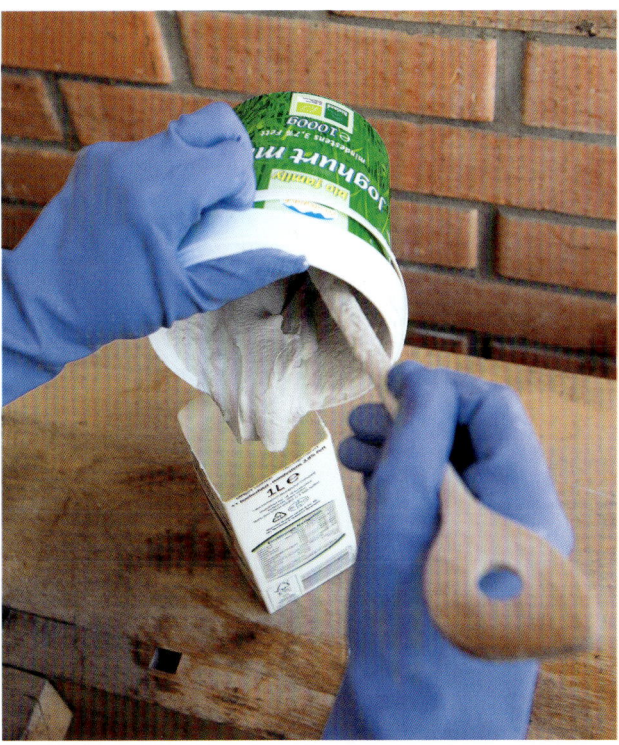

Hängende Gärtchen

Vielleicht haben Sie nicht viel Platz im Garten oder suchen noch nach einem Blumenschmuck für den Balkon oder Ihre Terrasse, auf der kein Topf mehr Platz findet? Eine dekorative Lösung bieten Hängedosen! Lackiert mit schönen Pastellfarben bekommen Konservendosen so eine zweite Chance.

1_ Nach einer gründlichen Reinigung zunächst das Etikett und sämtliche Klebstoffreste von der Dose entfernen. Mit einem Spitzdorn oder einem spitzen Nagel einige Löcher in den Boden der Dose schlagen, damit das überschüssige Gießwasser später ablaufen kann. Drei kleine Löcher in den Rand schlagen – dabei einen Holzklotz in das Innere legen, damit die Dose keine Dellen bekommt. Spitze Kanten mit einer Zange flachdrücken.

2_ Für einen gut haftenden Farbauftrag wird die Dose nun leicht angeschliffen und mit Antirostgrund gestrichen. Nach dem Trocknen noch einmal leicht anschleifen, Schleifstaub mit einem feuchten Tuch entfernen und trocknen lassen. Anschließend mit einem breiten Pinsel und dem gewünschten Acryllack anmalen. Nach etwa einer Stunde Trockenzeit eine zweite Schicht Farbe auftragen. Abschließend mit Klarlack versiegeln.

3_ Ist die Dose getrocknet, die Metallkette von außen durch ein Loch am Rand führen und mit einem Stück Draht verschließen. Kette durch das nächste Loch schieben und ebenfalls mit Draht fixieren. Der Mittelpunkt der durch zwei Löcher geführten Kette gibt vor, wie lang das letzte Stück sein muss, damit die Blumendose später gerade hängt. Ist die Metallkette auch durch das letzte Loch geführt und unten fixiert, alle drei Ketten zusammennehmen und die Dose frei hängen lassen – ist der Mittelpunkt gefunden, mit einem Stück Draht die Ketten fest verbinden.

4_ Nun wird der neue Topf bepflanzt und mit einem Küchenhaken aufgehängt.

Material

- Konservendosen in verschiedenen Größen
- Nagel und Hammer oder einen Spitzdorn
- kleiner Holzklotz
- feines Schleifpapier
- Antirostgrund
- Acryllack, Pastelltöne
- Pinsel
- Klarlack
- Ankerkette, 3,5 mm Durchmesser, etwa 1 m pro Dose
- Draht, 0,5 mm
- Zange
- Haken
- Hängepflanzen und Erde

Pflanzkisten

Früher beherbergten diese wunderschönen Kisten Wein und Obst, nun fühlen sich Ihre Blumen darin zu Hause. Mit Lavendel bepflanzt und locker gestapelt – und schon fühlt man sich wie auf einem Landgut in Südfrankreich.

Kisten

1_ Die Kisten werden abgebürstet und gereinigt. Dann wird der Holzschutzgrund mit einem Flachpinsel auf die inneren und äußeren Holzflächen aufgetragen.

2_ Schleifen Sie das vorbehandelte Holz grob an und lackieren Sie die Innen- und Außenflächen mit Klarlack.

3_ Schneiden Sie das Wachstuch zu, sodass es die Seitenwände der Kisten ringsum von innen verdeckt. Tackern Sie die Tuchbahnen vorsichtig an die Innenflächen der Holzkisten.

Bepflanzung

1_ Schneiden Sie die Teichfolie zu und schlagen Sie die Kisten damit komplett von innen aus. Zur Befestigung wird die Folie am inneren Kistenrand festgetackert.

2_ Damit das Gießwasser ablaufen kann, schneiden Sie ein paar Schlitze in den Boden aus Teichfolie. Abschließend wird er mit Kieseln oder anderem Dränagematerial bedeckt und die Kisten bepflanzt.

Material

Für die Kisten

- Wein- und Obstkisten
- Holzschutzgrund
- Flachpinsel
- Schleifpapier
- Klarlack
- Lackwanne
- Wachstuch
- Schere
- Handtacker

Für die Bepflanzung

- Teichfolie
- Handtacker
- Kiesel oder Blähton
- Blumenerde
- Pflanzen

Tipp

Schneiden Sie das Wachstuch in schmale Streifen, die lediglich die Kistenschlitze von innen kaschieren. So sparen Sie Material. Ein Ensemble aus mehreren Kisten erhält durch dekorative alte Gartenwerkzeuge zusätzlichen Charme.

Pflanzschilder

Um den Überblick zu behalten, wenn im Frühjahr neue Samen einge-
bracht und Stecklinge gepflanzt werden, leisten Pflanzschildchen gute
Dienste. Vieles eignet sich zur Kennzeichnung: Steine, Stöckchen, Kreide-
tafeln – oder aus Modelliermasse geformte Unikate.

1_ Mit dem Reinigen der Stempel beginnen. Da die Buchstaben nur zum
Prägen ohne Stempelfarbe benutzt werden, müssen diese sauber sein.

2_ Die Modelliermasse gut durchkneten und gleich große Kugeln mit etwa
3 cm Durchmesser formen. Dann aus den Kugeln Rundstäbe rollen, die etwa
15 cm lang sind. Diese anschließend mit dem Wellholz flach walzen.

3_ Mit den gereinigten Stempeln die gewünschten Pflanzennamen einprägen.
Kleine Fehler können mit etwas Wasser verwischt werden.

4_ Nun die Stäbchen in Form bringen: Am unteren Ende mit dem Messer
eine schräge Spitze abschneiden und die Schnittkante glatt streichen.

5_ Stäbe nach Angaben des Herstellers im Ofen trocknen oder an der Luft
aushärten lassen.

6_ Sind die Pflanzschilder gut abgekühlt, eventuelle Unebenheiten und Rillen
z. B. mit einer Nagelfeile oder Schleifpapier glätten. Feucht abwischen und abschließend mit Klarlack versiegeln.

Material
- Stempel-Alphabet
- ofenhärtende Modelliermasse,
  pro Pflanzstab etwa 20 g
- Wellholz
- Messer
- feines Schleifpapier oder Nagelfeile
- Klarlack

Tipp Zum Reinigen von Stempeln braucht man nicht unbedingt teuren
Stempelreiniger. Auch Feuchttücher eignen sich hervorragend –
einfach die Stempelfarbe abreiben und eventuell entstehenden
Schaum mit einem Küchentuch abtupfen.

Kommod(e)

In dieser sommerlichen Komposition machen es sich Ihre Gewächse natürlich bequem! Dieser »alte Kasten« hat noch lange nicht ausgedient. Mit verspielten Mustern wird er zum romantischen Blickfang.

Kommode

1_ Die Kommode wird angeschliffen und mit Holzschutzgrund vorbehandelt. Nach dem Zwischenschliff tragen Sie die erste Schicht hellgelben Acryllack auf und lassen diese gut trocknen. Die Seiten des Kommodenkorpus werden mit grünem Acryllack gestrichen.

2_ Der zweite Anstrich erfolgt ganzflächig mit weißer Abtönfarbe. Nach dem Trocknen können Sie die weiße Abtönfarbe nach Geschmack stellenweise abschleifen.

3_ Kleben Sie Ihr Serviettenmuster wie in den Grundtechniken (Seite 18) beschrieben auf die gewünschten Stellen auf. Nach der entsprechenden Trockenzeit haben Sie die Möglichkeit, die Serviettenkanten und -flächen vorsichtig anzuschleifen. Um einen extremen Shabby-Look zu schaffen, schleifen Sie stellenweise großzügig bis auf das Holz durch.

4_ Abschließend erhält die Kommode einen sorgfältigen Anstrich mit Klarlack für den Außenbereich.

Bepflanzung

1_ Bedecken Sie den Boden der Schublade und des Bügeleisens mit Kieseln. Anschließend wird die Blumenerde eingefüllt und bepflanzt.

2_ Das Sieb kleiden Sie mit Teichvlies aus und bepflanzen es wie gewünscht.

Material

Für die Kommode

- Schleifpapier
- Holzschutzgrund
- Lackrolle
- Lackwanne
- Acryllack, hellgelb und grün
- Abtönfarbe, weiß
- Flachpinsel
- Servietten
- Serviettenkleber
- kleiner Flachpinsel
- Schere
- Cutter
- Klarlack

Für die Bepflanzung

- altes Bügeleisen
- Metallsieb
- Kiesel
- Teichvlies
- Blumenerde
- Pflanzen

Begrünte Küchenhelfer

Haben Sie auch noch das eine oder andere Küchengerät, das eigentlich nie benutzt wird, aber dennoch viel zu schön ist, um entsorgt zu werden? Vielleicht ein Erinnerungsstück aus der Kindheit oder aus dem Nachlass der Großmutter? Damit es nicht länger ungesehen bleibt, bepflanzen Sie es einfach und geben ihm so einen neuen Verwendungs- und Dekorationszweck.

Material

- Küchenreibe
- kleine Töpfe
- Plastikfolie (z. B. eine zerschnittene Einkaufstüte)
- Büroklammern
- Pflanzerde
- pflegeleichtes Gewächs (z. B. Lavendel, Efeu, Hauswurz)
- Schere

1_ Die Gefäße mit einem kleinen Stück Plastikfolie ausschlagen, damit sie nicht rosten. Die Folie kann mit einer Büroklammer am Rand fixiert werden.

2_ Anschließend das Gefäß mit etwas Erde füllen, gut durchfeuchten und dann mit einem pflegeleichten Gewächs (je nach Gefäß stehend oder hängend) bepflanzen. Die Büroklammern wieder entfernen und eventuell überstehende Plastikfolie abschneiden, damit sie nicht mehr sichtbar ist.

3_ Einen netten Platz für die Küchenhelfer aussuchen – gut eignet sich zum Beispiel eine schöne Fensterbank, dann kann die Pflanze von innen und außen betrachtet werden.

Tipp
Weitere Gefäße aus der Küche, die sich besonders zum Begrünen eignen, sind beispielsweise Siebe, bunte Kindertöpfe oder alte Teekannen. Für die Mini-Variante bepflanzen Sie Eierbecher oder verwaiste Espressotassen.

Sortierte Sukkulenten

Bei diesem Pflanzenarrangement im Nostalgie-Look ist Schubladen-denken ausnahmsweise erwünscht! So finden die pflegeleichten Alleskönner stapelweise in jeder Ecke Platz.

Material

Für die Schubladen

- Schubladen
- Wurzelbürste
- Holzschutzmittel
- Flachpinsel und Lackierrolle
- Lackwanne
- Schleifpapier
- Klarlack
- eventuell Antikbeize und Möbel-knöpfe

Für die Bepflanzung

- Kiesel
- Blumenerde
- Pflanzen

Schubladen

1_ Die Schubladen werden abgebürstet und gereinigt. Anschließend kann das Holzschutzmittel innen und außen aufgetragen werden.

2_ Nach dem üblichen Zwischenschliff werden die Innen- und Außenflächen sorgfältig klar lackiert.

Falls Sie keine alten Schubladen finden, gilt: Aus Neu mach Alt! Für den gewünschten Nostalgie-Look sorgt Antikbeize (siehe Anleitung Seite 16). Schöne Möbelknöpfe verleihen dem Ganzen eine persönliche Note.

Bepflanzung

1_ Bedecken Sie die Schubladenböden mit Kieseln oder anderem Dränage-material. Dann kann die Blumenerde bis zum Rand eingefüllt werden.

2_ Arrangieren Sie die Schubladen, sodass sie stabil stehen und setzen Sie die Sukkulenten in die Erde ein. Abschließend decken Sie den Erdboden mit kleinen Kieselsteinen ab.

Tipp Sukkulenten sind wasserspeichernde Pflanzen und lieben ein sonniges Klima und sandigen Boden. Falls Ihr Arrangement öfter dem Regen ausgesetzt ist, sorgen Sie mithilfe von Löchern im Schubladenboden für einen guten Wasserabfluss.

Begrüntes Sitzmöbel

Weggegangen – Platz vergangen? Bei dieser Bepflanzung entfalten sich Ihre Blumen zu lebhaften Platzhaltern und verwaiste Sitzmöbel oder Stühle mit kaputter Sitzfläche werden zum außergewöhnlichen Hingucker.

Material

Für den Stuhl

- MDF-Platte, 5 mm Stärke
- Bleistift
- Stichsäge
- Schraubendreher
- Schrauben
- Holzbohrer
- Acryllack
- Flachpinsel
- Klarlack
- eventuell kleine Schublade (s. Tipp)

Für die Bepflanzung

- Teichfolie
- Schere
- Tacker
- Kiesel
- Blumenerde
- Pflanzen

Stuhl

1_ Entfernen Sie die Sitzfläche aus dem Stuhl und platzieren Sie ihn kopfüber auf Ihre Arbeitsfläche. Messen Sie die Sitzfläche aus und übertragen Sie die Maße auf die MDF-Platte. Sägen Sie diese entsprechend mit einer Stichsäge zu.

2_ Schrauben Sie die Platte auf den umgedrehten Rahmen der Sitzfläche fest. So entsteht Raum zum Bepflanzen. Drehen Sie den Stuhl wieder um und bohren Sie Abflusslöcher in die Platte.

3_ Lackieren und verzieren Sie Ihr Möbel nach Wahl, zum Beispiel mit der Serviettentechnik (Seite 18). Am Ende wird alles mit einem Klarlack versiegelt.

Bepflanzung

1_ Schneiden Sie die Teichfolie zu und schlagen Sie die vertiefte Sitzfläche damit aus. Die Folie wird am inneren Rand des Rahmens mit einem Tacker befestigt.

2_ Schneiden Sie als Abfluss Schlitze in den Folienboden und bedecken Sie ihn mit Kieseln. Dann wird der Stuhl bepflanzt.

Tipp Falls der Sitzboden nicht die nötige Tiefe für Ihre Bepflanzung aufweisen sollte, schrauben Sie eine kleine Schublade unter die MDF-Platte. Dazu bohren Sie ein Loch mittig in die Platte, setzen dort die Stichsäge an und sägen eine entsprechend große Öffnung aus. Die Schublade sollte unbedingt in der gleichen Farbe wie der Stuhl gestrichen werden.

Geschnürte Blumen

Hier verschaffen sich mit Textil aufgehübschte Blumengefäße einen eigenen Auftritt, ohne dabei ihre Bewohner in den Hintergrund zu drängen. Verschnürt, geflochten oder gewickelt – probieren Sie Ihre ganz eigene Variante oder folgen Sie den Beispielen.

Material

Blumentopf

• Blumentopf aus Ton
• Baumwollschnur
• Schere
• Heißklebepistole und Heißkleber

Blumentopf

1_ Messen Sie die erforderliche Länge der Baumwollschnur an Ihrem Topf aus, indem Sie in der Höhe jeweils oben und unten drei Zentimeter hinzugeben. Von diesem Maß ausgehend schneiden Sie so viele Schnüre in gleicher Länge zu, dass Sie damit später den gesamten Umfang des Topfes bedecken können. In unserem Beispiel waren dies etwa 180 Schnüre bei einem Topf mit 15 cm Durchmesser.

2_ Mit der Heißklebepistole bedecken Sie nach und nach etwa 2 cm lange Strecken entlang des Topfinnenrandes mit Heißkleber und drücken die zurechtgeschnittenen Schnüre dicht an dicht fest. Da der Heißkleber schnell abkühlt und er die Schnüre dann nicht mehr gut halten kann, sollten Sie ihn lieber immer nur Stück für Stück auftragen und zügig arbeiten.

3_ Sind die Schnüre rund um den Innenrand angeklebt, teilen Sie sie in kleine Bündel ein. Im Beispiel wurden immer 6 Schnüre in einer Gruppe zusammengefasst. Diese Bündel separieren Sie anschließend, indem Sie sie im Wechsel nach oben und innen legen.

4_ Nun beginnt die Webarbeit: Eine Stelle knapp unter dem Topfrand bestreichen Sie mit Heißkleber und kleben horizontal ein Stück Schnur fest. Diese Schnur führt Sie nun als sogenannten »Schussfaden« im Kreis um das Gefäß und fasst die Schnurbündel zum Muster zusammen. Die Bündel werden an jeder Stelle, an der sie unter dem Schussfaden liegen, mit Heißkleber am Topf festgeklebt.

5_ Ist der Schussfaden einmal um das Gefäß gewebt, schneiden Sie ihn ab und kleben sein Endstück direkt an der Anfangsstelle fest. Einige Zentimeter tiefer beginnt nun die nächste Runde eines neuen Schussfadens. Auf dieselbe Weise wie zuvor kleben Sie die Schnurbündel fest und arbeiten sich rund um den Topf herum.

6_ Nach der letzten Runde am unteren Rand des Topfes werden alle Schnüre noch einmal fest am Rand verklebt und anschließend gekürzt. Die Schnurenden schlagen Sie auf der Standfläche ein, kleben sie fest und versiegeln alles gut mit Heißkleber.

Vase

1_ Das Glas gut mit Spülmittel und Wasser reinigen, damit es fettfrei und sauber ist. Nach dem Trocknen von unten mit dem Bekleben beginnen, indem Sie ein paar Zentimeter des Glases mit dem Kleber einstreichen.

2_ Die Baumwollschnur eng anliegend um das Glas wickeln, indem Sie mit der einen Hand die Schnur führen und mit der anderen das Glas drehen. Die Schnur zwischendurch immer wieder nach unten drücken, damit keine Lücken entstehen.

3_ Ist das Glas bis zum Rand mit Schnur eingewickelt, wird das letzte Ende sauber abgeschnitten, mit Kleber eingestrichen und nach innen verklebt.

Material

Vase
- hohes Trinkglas
- Baumwollschnur
- Schere
- Alleskleber, wasserfest
- Pinsel

Tonleiter

Ob auf dem Balkon oder im Garten – dieser kleine aufstrebende Kräutergarten im Shabby-Look findet in jedem Winkel einen Platz zum Wachsen.

Leiter

1_ Die Leiter wird angeschliffen und mit Holzschutzgrund vorbehandelt. Nach dem Zwischenschliff tragen Sie die erste Schicht weißen Acryllack in Maserrichtung auf und lassen diese gut trocknen.

2_ Die Kanten erhalten einen zweiten Anstrich mit einem anderen Farbton. Lassen Sie auch diese Schicht vollständig trocknen. Um einen Shabby-Effekt zu erzielen, schleifen Sie die zweite Farbschicht anschließend an einigen Stellen ab, sodass die darunterliegende Farbe durchblitzt.

3_ Geben Sie nun den Treppenstufen mithilfe der Serviettentechnik (siehe Anleitung Seite 18) individuelle Muster. Nach der entsprechenden Trockenzeit haben Sie die Möglichkeit, die Serviettenkanten und -flächen vorsichtig anzuschleifen. Abschließend versiegeln Sie die Leiter sorgfältig mit einem Klarlack für den Außenbereich.

Tontöpfe

1_ Streichen Sie die Topfaußenseiten mit farbiger Patio Paint und lassen Sie alles gut trocknen.

2_ Setzen Sie stellenweise mit weißer Farbe satte Akzente. Nach dem Trocknen schleifen Sie die oberste Schicht partiell ab. Diesen Vorgang wiederholen Sie, bis die Töpfe echten Shabby Charme ausstrahlen. Erst dann bepflanzen Sie die Töpfe mit Kräutern.

Material

Für die Leiter
- Schleifpapier
- Holzschutzgrund
- Flachpinsel
- Acryllack, weiß
- Servietten
- Serviettenkleber
- kleiner Flachpinsel
- Schere und Cutter
- Klarlack
- Lackrolle
- Lackwanne

Für die Tontöpfe
- Pinsel
- 2 × Patio Paint, weiß und in Farbe
- Blumenerde
- Kräuter

Tipp Lassen Sie Ihre Töpfe innen unbehandelt und freuen Sie sich über einen natürlichen Shabby-Look. Dieser benötigt allerdings etwas Zeit.

GOLDEN PALACE

Topf-Husse

Wenn es draußen immer unfreundlicher wird, brauchen auch die Pflanzen einen Schutzmantel, damit Sie im Freien stehen bleiben können. Eine Husse aus isolierendem Material hilft den Topfbewohnern unbeschadet durch die kalte Jahreszeit zu kommen.

1_ Die untere Naht des Reissacks auftrennen, den Sack umstülpen (rechts auf rechts) und probeweise über den Blumentopf stülpen. So können Sie sehen an welchen Stellen der Beutel abgenäht werden muss. Großzügig überstehendes Material am Boden des Gefäßes abschneiden und beiseitelegen.

2_ Das Gewebe an den entsprechenden Seitenstellen abstecken und mit der Nähmaschine zusammennähen. Bei dem für Reissäcke üblicherweise verwendeten Plastikgewebe nutzen Sie am besten einen Zickzackstich. Die Naht mehrmals versäubern.

3_ Aus dem abgeschnittenen Ende des Reissacks nun noch einen Boden für den Blumentopf zuschneiden. Diesen ebenfalls mit Zickzackstichen rechts auf rechts mit der Husse zusammennähen. Den fertigen »Wintermantel« stülpen Sie über den Topf Ihrer Lieblingspflanze und schützen sie so vor allzu kalten Temperaturen.

Material
- Reissack (Alternativ: Jute oder Wachstuch)
- Blumentopf
- Schere
- Stecknadeln
- Nähmaschine
- Faden

Tipp Schöne Hussen lassen sich auch aus Filz oder Jeansstoff herstellen. Wer eine besonders schützende Variante möchte, näht zwischen zwei Stoffschichten noch ein isolierendes Vlies ein.

Klemmbrett

Samentüten, Handschuhe, Gartendraht – Dinge, die schnell zur Hand sein sollen, wenn die Gartenarbeit beginnt. Damit alles einen festen Platz hat und übersichtlich aufgeräumt ist, können kleinere Utensilien praktisch an einem Klemmbrett angebracht werden. Der perfekte Begleiter für kreative Pflanzaktionen.

1_ Das Holzbrett gegebenenfalls auf die passende Länge zusägen und zuerst mit grobem, dann etwas feinerem Schleifpapier glatt schleifen. Mit Holzschutzgrund vorbehandeln.

2_ Nach dem Zwischenschliff mit Acryllack ans Gestalten gehen. Dabei gibt ein gemalter Rand dem Brett einen passenden Rahmen, und mit einer fertigen Schablone werden im Handumdrehen schöne Motive aufgebracht. Anschließend das gesamte Klemmbrett mit Klarlack versiegeln.

3_ Dann geht es an die Halterungen: Die Wäscheklammern mit farblich passendem Masking-Tape bekleben. Überstehenden Rand des Klebebands mit dem Schneidemesser sauber abtrennen und die Klammern anschließend mit Heißkleber auf dem Brett befestigen. Für größere Dinge wie Schaufel oder Drahtspulen einfach Nägel und Wandhaken am Brett anbringen.

4_ Am oberen Ende des Klemmbretts zwei kleine Haken eindrehen, eine stabile Schnur hindurchziehen und das fertige Brett an einem geeigneten Ort aufhängen.

Material

- Holzbrett, etwa 23 × 120 cm
- Holzschutzgrund
- Schleifpapier
- Acryllack oder -farbe
- Klarlack
- Pinsel
- Schablone
- Wäscheklammern
- Masking-Tape
- Schneidemesser
- Haken und Nägel
- Heißklebepistole und Heißkleber
- stabile Schnur

Tipp Wer viel säen möchte, kann das Brett mit Monatsnamen beschriften und darunter jeweils eine Wäscheklammer kleben. So kann man die Samentüten nach Aussaatzeit sortiert am Brett befestigen und behält stets den Überblick

Freundlicher Butler

Dieser Butler steht Ihnen immer freundlich zur Seite: Bereitwillig lässt er sich mit welkem Laub füllen, hält kleinere Gartengeräte zusammen oder fängt das Unkraut beim Jäten im Garten auf. Den möchte man nicht mehr gehen lassen.

Material

- Zink-Eimer
- Papier, Bleistift, Schere
- Sperrholz (4 mm)
- Säge
- Schleifpapier
- Acryllack in Schwarz und Weiß
- Bohrmaschine, Metall- und Holzbohrer, 3 mm
- 3 Senkkopf-Gewindeschrauben, M3 × 15 mm
- 3 Muttern, M3
- Schraubenzieher, Flachzange
- Holzkitt (sehr wenig)
- Holzleim

1_ Aus Papier zunächst eine Vorlage für die Augen (zwei größere und zwei kleinere Kreise) und den Schnurrbart des Butlers zuschneiden. So lässt sich die richtige Form, Größe und Positionierung finden, die zum Eimer passt. Die Form der Vorlage auf das Sperrholz übertragen und mit einem feinen Sägeblatt aussägen.

2_ Die Ränder der Holzteile mit Schleifpapier glatt schleifen und den Holzstaub mit einem feuchten Tuch entfernen. Trocknen lassen und anschließend mit der Acrylfarbe lackieren – die kleineren Kreise und den Schnurrbart in Schwarz, die größeren Kreise für das äußere Auge in Weiß.

3_ Mit der Bohrmaschine jeweils mittig in die schwarzen Augenkreise und in den Schnurrbart ein Loch bohren. Mit einem Akkubohrer könnten die Schrauben zwar auch direkt durch das dünne Sperrholz eingedreht werden, das Vorbohren verhindert jedoch ein »Ausfransen« der Löcher. Anschließend die Position der Gesichtsteile auf dem Eimer festlegen und diese mit dem Bleistift durch die Löcher markieren.

4_ Mit der Bohrmaschine und dem Metallbohrer Löcher an den entsprechenden Stellen bohren und die Holzteile mit Schrauben und Muttern am Eimer fixieren. Um die Schrauben richtig festzuziehen, die Muttern an der Innenseite des Eimers mit der Flachzange festhalten.

5_ Etwas Holzkitt in die Vertiefung der Schraube am Schnurrbart streichen und die Stelle nach der Trockenzeit des Kitts mit schwarzem Acryllack übermalen. So wird die Befestigung hier nahezu unsichtbar. Mit Holzleim nun noch die schwarzen Augenkreise auf den weißen befestigen und trocknen lassen.

Deko-Lust im Grünen

Die Pracht der Natur können wir mit

dekorativen Details hier und da unterstützen und so

unseren Garten zu einem besonderen Highlight machen.

Wimpelkette

Gemütliche Stimmung beim Gartenfest kann ganz einfach mit einer aufgehängten Wimpelkette entstehen, und auch ein Picknick im Grünen ist im Handumdrehen richtig festlich geschmückt. Diese Wimpelkette aus Stofftaschentüchern ist sogar für absolute Nähanfänger leicht umzusetzen.

1_ Die Stofftaschentücher zu einem Dreieck falten, glatt bügeln und mit einer Stecknadel beide Teile zusammenhalten. Auch das Schrägband in der Mitte falten und vorbügeln.

2_ Mit dem Zusammennähen des Schrägbandes (einfacher Geradstich) beginnen. Nach etwa 30 cm das erste Taschentuch dazwischenlegen, um dieses einzunähen. So werden nun nacheinander alle Stoffdreiecke mit einem Abstand von etwa 8 cm zwischen dem Schrägband befestigt. Am Ende etwa 30 cm Bandlänge (ohne Taschentücher) zusammennähen.

3_ Die Wimpelkette mit dem Schrägband und kleinen Schleifen zwischen zwei Bäumen aufhängen und das Flattern im Wind genießen!

Material

- Stofftaschentücher, 12 Stück à 30 × 30 cm für eine 6 m lange Kette
- Bügeleisen
- Stecknadeln
- Schrägband, 24 mm × 6 m
- Nähmaschine
- Faden
- Schere

Tipp

Wer keinen geeigneten Stoff im Haus hat, aber schnell eine hübsche Partydekoration benötigt, nimmt einfach Spitzendeckchen aus Papier! Ohne Nähmaschine und Schrägband, dafür mit Baumwollgarn und einer Nadel, die Sie durch die einzelnen Löcher der Spitzen führen, ist im Handumdrehen eine Papiervariante der Wimpelkette gezaubert.

Bemalte Kiesel

Vielleicht haben Sie auch noch einen Fundus an großen Kieseln, die vom letzten Urlaub mitgebracht wurden, oder Ihre Kinder finden immer wieder neue »kostbare« Steine? Im Handumdrehen können Sie aus einfachen Steinen eine schöne Dekoration schaffen! Verzieren Sie diese mit einem kleinen Muster und verschönern Sie so das Alltagsgrau.

1_ Die Steine vor dem Bemalen gründlich mit Wasser (und gegebenenfalls etwas Spülmittel) reinigen, damit die Farbe später halten kann. Gut abtrocknen.

2_ Mit dem Pinsel und Acryllack feine Muster, Linien und Punkte aufmalen – einfach von alten Kulturen inspirieren lassen und der Fantasie freien Lauf lassen!

3_ Ist die Farbe getrocknet, noch eine Schicht Klarlack auftragen, um die Bemalung zu schützen. Steine noch einmal trocknen lassen und dann im Garten platzieren. Hierbei gilt: Mehr ist mehr! Wenn nur ein vereinzelter Stein eine Bemalung trägt, läuft er Gefahr, übersehen zu werden. Ein Arrangement aus mehreren bemalten Steinen hingegen zieht die Blicke auf sich und kann ein schönes Ensemble bilden.

Material
- gewaschene Steine
- feine Pinsel
- Acrylfarbe oder Acryllack
- Klarlack zum Sprühen oder Pinseln

Tipp Die Steine mit Kräuter- oder Pflanzennamen beschriften und so als Pflanzschilder ins Beet legen. Oder als Tischdekoration mit dem Namen der Gäste verziert als Platzkarten nutzen.

Pompon-Parade

Romantisch und wie leckere Bonbons schweben diese Pompons aus Tüll im Garten und verschönern Gartenparty und Kindergeburtstag gleichermaßen. Früher haben wir sie aus Wolle gewickelt – heute probieren wir eine Variante mit feinem Tüllgewebe aus!

1_ Zeichnen Sie sich als Erstes mithilfe einer Vorlage (z.B. einem Topfdeckel) einen Kreis auf Pappe. Für das Loch in der Mitte der Schablone nehmen Sie eine kleinere Kreisvorlage. Mit dem Schneidemesser oder einer Schere schneiden Sie den äußeren Kreis aus, dann die Kreismitte. Nun haben Sie den ersten Pomponring.

2_ Um sicherzugehen, dass beide Pappteile gleich groß werden, nehmen Sie den ersten Ring als Schablone für den zweiten und zeichnen die Umrisse ab. Auch diese Pappe schneiden Sie zu und legen beide Ringe zur Seite.

3_ In ein langes Stück Schnur machen Sie nun einen losen Knoten und legen diesen über das Loch im Pappkreis einer der liegenden Schablonen. Den zweiten Pappring legen Sie auf, sodass die Schnur dazwischen festklemmt. Diese Schnur hält später die Tüllbänder zusammen.

4_ Nun beginnt das Umwickeln des Ringes mit dem Tüllband. Schneiden Sie jeweils etwa 5 m lange Bahnen aus Tüll in der jeweiligen Breite zu. Längere Stücke sind zu unhandlich. Es gibt verschiedene Arten von Tüll: z.B. Feintüll, Dekotüll oder Petticoattüll. Von der Qualität und Festigkeit des Materials hängt die benötigte Menge ab. Im Beispiel wurde handelsüblicher weicher Tüll verwendet.

Material

- Pappe
- Kreisvorlagen (z.B. Tortenplatte oder Teller für den äußeren/Glas oder Dose für den inneren Kreis)
- Bleistift
- Schneidemesser
- Schere
- feste Schnur
- Tüll

Größen

Kleiner Pompon

- Pappkreis 20 cm (Loch 6 cm) Durchmesser
- Tüllband 10 m × 20 cm

Mittelgroßer Pompon

- Pappkreis 30 cm (Loch 10 cm) Durchmesser
- Tüllband 13 m × 25 cm

Großer Pompon

- Pappkreis 50 cm (Loch 15 cm) Durchmesser
- Tüllband 25 m × 25 cm

5 Nehmen Sie ein Ende vom Tüllband und wickeln Sie es durch das Loch rund um die Pappe. Anfang und Ende des Tüllbandes sollten dabei immer außen liegen. Wenn das Band zu einem kleinen, losen Knäuel gewickelt ist, lässt es sich leichter durch das kleine Loch führen und besser handhaben.

6 Ist der komplette Ring mit Tüll bedeckt, schneiden Sie die Schlaufen auf, indem Sie die Schere zwischen den Pappscheiben am Kreisumfang entlangführen. Dabei dürfen Sie die innenliegende Schnur auf keinen Fall durchtrennen, sondern ziehen Sie den Knoten immer wieder fest, damit die entstehenden Tüllstreifen gut zusammenhalten.

7 Die Schnur wird noch einmal umwickelt, festgezogen und mit einem Doppelknoten versehen. Dann können Sie die Pappringe entfernen und die einzelnen Tüllbänder zur Pomponform auseinanderziehen.

8 Eventuell überstehende Tüllbänder schneiden Sie anschließend mit der Schere zurecht, bis der Pompon eine hübsche, runde »Frisur« hat.

9 Mit der Schnur, die Sie gegebenenfalls noch verlängern oder durch ein passendes Band ersetzen können, hängen Sie den Pompon nun nach Lust und Laune an einem Baum, an einer Wäscheleine oder im Gartenpavillon auf. Besonders hübsch ist es natürlich, wenn viele Pompons in unterschiedlichen Farben verteilt werden und in kleinen Gruppen den Garten schmücken.

Tipp Sie können auch im Nu zwei- oder mehrfarbige Pompons herstellen: Nehmen Sie dafür einfach Tüllbänder in verschiedenen Farben zum Umwickeln des Rings. Der feine Stoff lässt sich in passenden Farbtönen wunderbar mixen!

Hängende Vasen

Ein paar kleine Flaschen, bunte Blumen und ein wenig Baumwollgarn – mehr braucht es nicht, um mit dieser Dekoration Ihren Gartenzaun, den Eingangsbereich oder einen Baum zu schmücken. Im Nu aufgehängt sind diese hängenden Vasen eine nette Begrüßung für Ihre Freunde und Gäste.

1_ Einige kleine Flaschen auswählen, die sich in Form und Größe unterscheiden. Besonders hübsch im Sonnenlicht ist geschliffenes Glas oder eine Flasche mit Struktur.

2_ Das Baumwollband fest um den Flaschenhals binden und ein Stück Schnur zur Befestigung stehen lassen.

3_ Nun nur noch die Flaschen mit Wasser und Blumenschmuck füllen und an einem geeigneten Platz aufhängen.

Material

- kleine Glasflaschen in verschiedenen Formen
- stabiles Baumwollgarn
- Schere
- frische Blumen

Tipp
Sammeln Sie kleine Flaschen, die normalerweise zum Altglascontainer gebracht werden – oft findet sich noch eine hübsche Verwendungsmöglichkeit dafür.

Hula-Hoop-Windspiel

Ganz nach dem Motto »Ein bisschen Romantik im Garten kann nicht schaden« wehen die leichten Bänder dieses überdimensionalen Windspiels in der Luft und verbreiten so ihren sommerlichen Charme. Dazu setzen kleine Blüten Farbtupfer in das Grün der Bäume.

1_ Das rote Dekoband, später für die Befestigung am Baum gedacht, an vier Punkten des Hula-Hoop-Reifens festknoten und oben, auf gleicher Länge, eine Schlaufe binden. Den Reifen für die weitere Bearbeitung an einem Haken oder Fenstergriff am Arbeitsplatz aufhängen.

2_ Etwa 2 m lange Stücke des Dekorationsbands zuschneiden. Sind einige Streifen zugeschnitten, werden diese einzeln mit einer Schlaufe am Reifen festgeknotet. So hat man immer gleich zwei Streifen befestigt. Die Länge der herunterhängenden Bänder soll variieren. Der gesamte Reifen wird auf diese Weise von den Schlaufen der Bänder bedeckt und ist zum Schluss nicht mehr sichtbar.

3_ Mit Nadel und Faden nun die einzelnen Textilblüten durchstechen und mit einem Knoten fixieren. Das Ende des Fadens am Reifen festknoten und so alle Blüten rund um den Kranz aus Bändern verteilen.

Tipp

Achten Sie auf eine gute Qualität des Dekorationsbands, dann verlieren die Streifen nicht durch Regenwasser ihre Farbe. Bei drohendem Unwetter sollten Sie Dekoelemente besser in Sicherheit bringen.

Material

- Hula-Hoop-Reifen
- Dekoband in Weiß und Rosa, 25 und 40 mm breit, insgesamt etwa 150 m
- Dekoband oder Schrägband in Rot
- Schere
- Nadel und festes Garn
- Textilblüten, etwa 30 Stück, in Rot, Weiß, Rosa

Bunte Baumstümpfe

Wofür Sie diese schicken Multitalente später nutzen, bleibt natürlich Ihnen überlassen. Sicher ist aber, dass sie besonders schöne Akzente setzen und sich immer wieder neu anpassen können: als Beistelltisch, Hocker, Etagere im Großformat, Deko-Objekt…

Material

- Baumstumpf
- Schleifpapier
- Schwingschleifer oder Dreieckschleifer
- Holzschutzgrund
- ggf. Papier und Klebeband
- Zeitungspapier
- kleine Holzklötze oder ähnliches
- Klarlack
- farbiger Kunstharzlack
- Pinsel und Lackierwalze

1_ Besonders schön sieht es aus, wenn mehrere Baumstümpfe in verschiedener Höhe und Stärke zusammengestellt werden. Den entrindeten und gereinigten Baumstumpf zuerst mit grobem, dann mit feinerem Schleifpapier abschleifen und mit dem Schleifgerät von allen Seiten schön glätten.

2_ Nach dem Schleifen muss der Staub sorgsam entfernt werden, damit der Lack gut hält. Dafür zunächst einen kleinen Handbesen nehmen, dann mit einem feuchten Tuch gründlich nachwischen. Das Holz gut durchtrocknen lassen. Mit Holzschutzgrund vorbehandeln, nach dem Trocknen nochmals leicht anschleifen und den Staub entfernen.

3_ Soll die Oberseite in einer anderen Farbe als der Rest des Stammes oder einfach nur klar lackiert werden, diese jetzt mit einem Stück Papier und Klebeband abkleben.

4_ Vor dem Lackieren den Boden mit Zeitungspapier abdecken und den Baumstumpf am besten auf ein paar Holzklötze stellen, damit Sie von allen Seiten gut herankommen. Mit der Walze den Stamm nun in 2–3 dünnen Farbschichten in der gewünschten Farbe lackieren. Dabei immer in dieselbe Richtung rollen und darauf achten, dass keine Blasen oder Lacktropfen entstehen. Wenn nicht im Freien gearbeitet wird: gut lüften!

5_ Ist der Baumstumpf rundherum gut getrocknet, kann die Oberfläche mit Klarlack und einem breiten Pinsel behandelt werden. Auch diese Farbschicht 2–3 Mal auftragen, um den neuen Beistelltisch (oder zu was auch immer dieses neue Lieblingsobjekt werden soll) besonders schön zum Glänzen zu bringen.

Ast-Ärmel

Ob sie frieren oder nicht, heute bekommen die Äste kleine Ärmel angezogen. In urbanen Kunstwerken werden derzeit schon ganze Bäume eingestrickt – aber auch die kleinere Variante ist sehr schmückend.

1_ Mit farblich passenden Wollresten kleine Rechtecke stricken. Ob rechts-links oder nur rechts gestrickt, mit Muster oder Knopflöchern – ganz wie es gefällt. Die letzte Reihe wie gewohnt abketten und lange Reste der Fäden stehen lassen.

2_ Die fertigen Rechtecke um einen Ast legen und mit den Fadenresten und einem einfachen Überwendlingstich zusammennähen.

3_ Wurden Knopflöcher eingestrickt, hält der Ärmel mithilfe der angenähten Knöpfe am Ast. Wer eine ganz schnelle Variante bevorzugt, nimmt einfach stattdessen eine oder mehrere Sicherheitsnadeln.

Material

- Wollreste
- Stricknadeln
- evtl. Knöpfe oder Sicherheitsnadeln
- Schere
- Nadel

Tipp — Wer nicht stricken kann oder mag, nimmt einfach einen ausgedienten Schal. Dieser kann zerschnitten und dann um die Äste genäht oder um einen Baumstamm gewickelt werden.

Pappmaché-Pilze

Nicht giftig, dennoch ungenießbar, aber trotzdem wunderschön – diese Pilze »wachsen« gerne aus Blumentöpfen, Herbstgestecken oder aus einem mit Moos bewachsenen Gartenstück. Bei Pappmaché denken Sie vielleicht zuerst an Bastelarbeiten aus dem Kindergarten. Es lassen sich aber auch andere tolle Dekorationen daraus herstellen.

Material

- Zeitungspapier
- stabiler Draht, 1 mm
- Klebeband (Malerkrepp)
- Kleister
- Acryllack in Weiß zur Grundierung, in Lila, Pink und Silber für die Bemalung
- Pinsel
- Klarlack

1_ Mit Zeitungspapier wird zunächst das Grundgerüst für den Pilz geformt: Aus einem zusammengerollten Stück den Stiel formen, ein etwa 30 cm langes Stück Draht mit einwickeln (dieses wird später in den Boden gesteckt) und das Ganze fest mit Klebeband umwickeln.

2_ Auch für die Pilzkappe zunächst die Basis mit einem kleinen Päckchen aus Zeitungspapier formen und dieses fest mit Malerkrepp umwickeln. Beide Teile mit dem Klebeband verbinden.

3_ Gefällt die Form des Pilzes, alles komplett mit Kleister bestreichen und mehrere Schichten aus kleinen Stücken Zeitungspapier darüber kleben. Der Pilz soll am Schluss eine glatte Oberfläche haben, damit er sich gut bemalen lässt.

4_ Ist der Kleister getrocknet, mit einer Schicht weißem Acryllack grundieren – so kommen die später aufgetragenen Farben besser zur Geltung. Nach dem Trocknen der Grundierung den Pilz mit bunten Farben und einer Menge Fantasie gestalten. Zum Schluss eine Schicht Klarlack auftragen.

5_ Die Pilzfamilie in einen Pflanzentrog oder Ähnliches stecken. Dabei darauf achten, dass sie keinem direkten Regen ausgesetzt ist.

Spitzen-Kürbisse

Kürbisse in der Herbstdekoration zu verwenden, hat eine lange Tradition, und es gibt sie in den verschiedensten Varianten. Diese Anleitung erklärt Ihnen, wie Sie eine spitzenmäßige Verzierung auf die großen Gemüsepflanzen auftragen und so einen edlen Look kreieren.

1_ Der Kürbis muss fettfrei und sauber sein, bevor er mit der Sprühfarbe gleichmäßig lackiert wird. Dabei auf einen Abstand von mindestens 20 cm und ausreichende Belüftung des Raumes achten, wenn Sie nicht im Freien arbeiten.

2_ Ist die Untergrundfarbe gut getrocknet, ein Spitzendeckchen mit Masking-Tape am Kürbis festkleben. Dies erfordert ein wenig Geduld und gründliches Arbeiten, da die Vertiefungen am Kürbis gut abgeklebt werden müssen. Hat der Kürbis eine starke Rundung, einen kleinen Schlitz in das Spitzendeckchen schneiden – so lässt es sich besser an die Form anpassen.

3_ Den Stupfpinsel nach dem Eintauchen in die Acrylfarbe etwas abstreifen und auf einem Stück Papier ausprobieren. Es darf nicht zu viel Farbe am Pinsel haften. Dann beginnt das Schablonieren mit dem Spitzendeckchen: Vorsichtig Stück für Stück des Lochmusters mit Farbe betupfen und dabei das Papier immer gut festgedrückt lassen. Rundherum (oder nur oben am Stiel) wird der Kürbis so verziert.

4_ Den Acryllack gut trocknen lassen und die Oberfläche anschließend mit Klarlack aus der Sprühdose versiegeln.

Material

- Kürbisse
- Sprühlack in Grau und Weiß
- Spitzendeckchen aus Papier
- Masking-Tape
- Schere
- Acryllack in Weiß und Bordeaux
- Stupfpinsel
- Pinsel
- Klarlack

Tipp

Verwenden Sie doch einfach einen künstlichen Kürbis! Zwar ist dieser nicht ganz günstig, dafür verrottet er aber nicht und kann jedes Jahr aufs Neue zum Dekorieren verwendet werden.

Vogelfutterstation

Wenn es draußen kalt wird, werden auch die Vogelbesuche auf der Terrasse oder vor dem Küchenfenster immer seltener. Mit einer bunten Futterstation können Sie einen Farbklecks in die Winterlandschaft setzen und bereiten sicher nicht nur den Vögeln eine Freude.

1_ Mithilfe des Geodreiecks die Mitte von Schale und Melaminteller ermitteln und diese mit dem Bleistift aufzeichnen. Dort mit dem Akkuschrauber vorsichtig jeweils ein Loch bohren. Natürlich kann das Loch auch mit einer Bohrmaschine gemacht werden, das Melamin lässt sich aber sehr leicht bearbeiten und mit einem Akkuschrauber hat man mehr Gefühl.

2_ Die Gewindestange zuerst durch die Schale schieben und von beiden Seiten mit einer Unterlegscheibe und einer Mutter festschrauben. Im Abstand von etwa 20 cm den Teller auf dieselbe Weise an der Stange befestigen. Die festgezogenen Muttern werden anschließend mit Sekundenkleber fixiert.

3_ Den Haken vom Spannschloss entfernen und oben in die Gewindestange eindrehen. Zwischen das Ende der Gewindestange und der Öse im Spannschloss den lackierten Holzrundstab als Sitzmöglichkeit einklemmen.

4_ Jetzt nur noch ein hübsches Band an den Haken binden, etwas Vogelfutter in die Schale füllen, die Futterstation an einem geeigneten Ort aufhängen und warten, bis der erste Piepmatz kommt.

Material

- Teller und Schale aus Melamin
- Geodreieck, Bleistift
- Akkuschrauber
- Bohrer, 6 mm Durchmesser
- Gewindestange, 6 mm Durchmesser, ca. 40 cm Länge
- 4 passende Muttern und 4 Unterlegscheiben
- Spannschloss mit Haken und Öse
- Rundstab aus Holz, etwa 25 cm Länge, 5 mm Durchmesser
- Acryllack
- Zange
- Band

Tipp

Auch aus Porzellan sieht diese Futterstation bezaubernd aus. Nehmen Sie für das Durchbohren auf jeden Fall eine Bohrmaschine mit Diamantbohrer und üben Sie beim Bohren keinen Druck auf das Porzellan aus. Entstehenden Staub nicht einatmen und den Bohrer zwischendurch mit Wasser kühlen.

Oben: Den Bohrer immer ganz gerade halten und vorsichtshalber einen Holzklotz zum Schutz der Tischplatte unterlegen.

Unten: Die Muttern an der Gewindestange müssen mit der Zange ordentlich festgezogen werden damit die Schale später nicht wackelt.

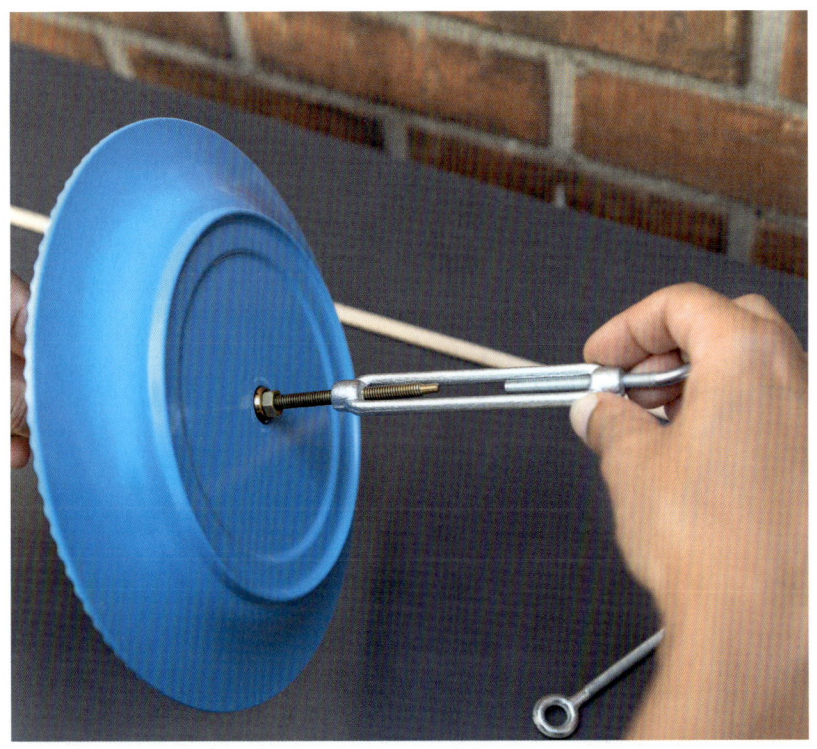

Oben: Ein Spannschloss hat zwei Seiten mit Gewinde – darum eignet es sich gut für die Aufhängung der Futterstation.

Unten: Als Aufhängung nehmen Sie ein schmückendes Band, das Farblich mit dem Melamingeschirr harmoniert.

Kleiderbügelherz

Kupfer ist das neue Gold! Hier kommt eine gute Verwendungsidee für überflüssige Drahtbügel, die uns herzig entgegen schimmert und leise klirrt und klimpert, wenn ein leichter Wind weht.

Material

- Kleiderbügel aus Draht
- Flachzange
- Pappe
- Kupferlack zum Sprayen
- verschieden große runde Vorlagen (z. B. von kleinen Dosen)
- Kupferfolie
- Stecknadel
- Bastelschere
- Kupferpailletten
- Kupferdraht, 0,25 mm

1_ Der Kleiderbügel bekommt mit der Flachzange seine neue Form: Am Haken anfangen. Mit der einen Hand den Bügel festhalten und mit der anderen den Draht in Form biegen. Die fertige Herzform auf eine Pappe legen und von beiden Seiten mit dem Kupferlack ansprühen.

2_ Während das Herz trocknet, wird das »Innenleben« vorbereitet. Die runden Vorlagen auf die Kupferfolie legen und mit der Stecknadel umrunden, damit die Formen auf der Folie sichtbar werden. Die Kreise anschließend mit der Bastelschere ausschneiden und ein kleines Loch mit der Stecknadel in die Mitte stechen.

3_ Die zugeschnittenen Kreise und fertigen Pailletten nacheinander auf ein Stück Kupferdraht fädeln und einzeln mit mehreren Umdrehungen durch den Draht fixieren. Dabei darauf achten, dass die einzelnen Drahtstücke so lang sind, dass sie später in das Herz gespannt werden können.

4_ Ist das Bügelherz getrocknet, die einzelnen Drähte mit den Kreisen in das Herz legen und den Draht fest am Bügel verzwirbeln. Dabei einer Ordnung folgen (z. B. wie ein Raster) oder die Drähte kreuz und quer spannen.

Tipp Das Herz an einem sonnigen Platz aufhängen – so werden Sie mit hübschen kleinen Lichtreflexen belohnt!

Scherenschnitt

Wie schön, wenn die Gäste gleich begrüßt werden! Ein großer Scherenschnitt aus Holz übernimmt dies für Sie und schmückt dabei an trüben Tagen stilvoll jeden Hauseingang.

Material

- Papier, Bleistift und Schere
- Sperrholzplatte, etwa 80 × 60 cm
- Laubsäge
- ggf. Handbohrer und feine Rundfeile
- Schleifpapier
- Holzschutzgrund
- Acryllack in Schwarz
- Lackwalze
- Klarlack

1_ Auf Papier eine Vorlage für den Scherenschnitt zeichnen. Eine Tanne, ein Eichhörnchen oder auch ein Wintertroll – erlaubt ist, was gefällt, Hauptsache, die Umrisse sind klar erkennbar und nicht zu filigran (sonst wird es schwierig mit dem Aussägen).

2_ Ist die Vorlage fertig, die Umrisse ausschneiden und das Papier als Schablone zum Übertragen auf die Holzplatte nehmen. Mit Bleistift aufgezeichnet lassen sich eventuelle Fehler leicht korrigieren.

3_ Entlang der vorgezeichneten Linien den Scherenschnitt mit der Laubsäge aussägen. Kleine Aussparungen lassen sich gut mit einem Handbohrer und einer feinen Rundfeile in das Holz bringen.

4_ Die fertig ausgesägte Landschaft am Rand glattschleifen und die gesamte Oberfläche vor dem Lackieren anrauen. Gründlich abstauben und mit Holzschutzgrund vorbehandeln. Nach einem weiteren Zwischenschliff den neuen Schleifstaub entfernen, Holzplatte mit einem feuchten Tuch abwischen und mit einer Walze gleichmäßig schwarz lackieren. Statt einer dicken, lieber mehrere dünne Schichten Lack auftragen und zwischendurch immer gut antrocknen lassen.

5_ Zum Schluss den Scherenschnitt noch mit Klarlack versiegeln (Kunstharzlack ist besonders wetterbeständig) und an einer Wand im Eingangsbereich anlehnen. Wer möchte, kann das Brett natürlich auch festschrauben.

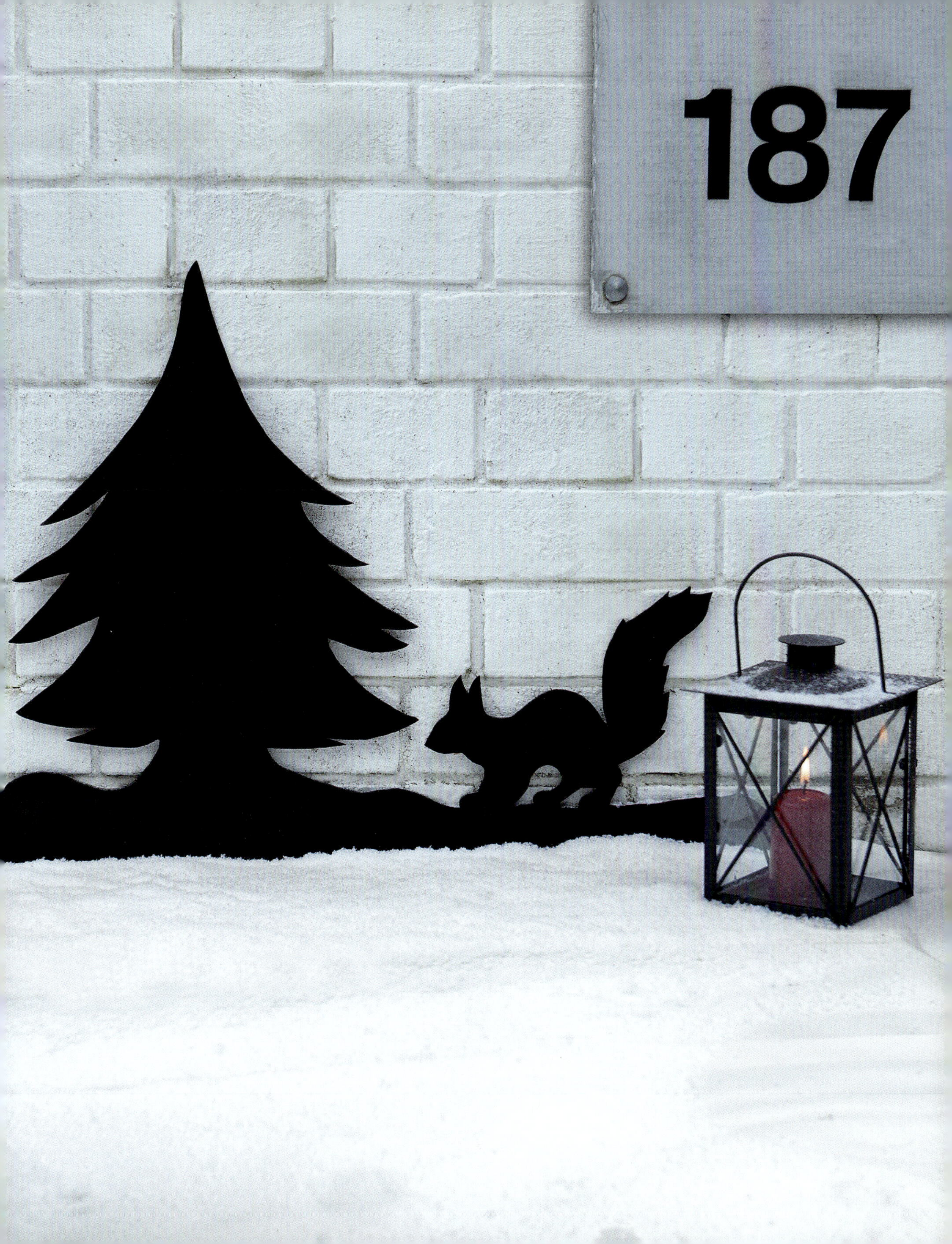
187

Zimmer mit Ausblick

Lieblingsplätze zum Lesen, Genießen,

Feiern und Träumen – mit diesen Ideen wird der Garten

zur Wohnung im Grünen.

Liegestuhl

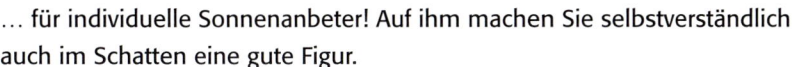

… für individuelle Sonnenanbeter! Auf ihm machen Sie selbstverständlich auch im Schatten eine gute Figur.

Gestell

1_ Entfernen Sie den alten Stoffbezug vom Liegestuhl und schleifen Sie das Holzgestell an. Tragen Sie Holzschutzgrund auf, nach dem Trocknen folgt der Zwischenschliff.

2_ Tragen Sie die Beize gleichmäßig mit einem Flachpinsel auf und wischen Sie diese in Maserrichtung mit einem Tuch ab, alles gut trocknen lassen.

3_ Grundieren Sie die Armlehnen mit weißem Acryllack. Zusätzlich können Sie vereinzelt leichte weiße Pinselstriche auf das übrige Gestell bringen.

4_ Verzieren Sie die Armlehnen mit einem Serviettenmotiv nach Wahl (siehe Anleitung Seite 18). Gegebenenfalls können Sie die Motivfarbe auch beim Streichen des Gestells aufgreifen. Abschließend wird der Stuhl sorgfältig mit einem Klarlack für den Außenbereich versiegelt.

Stoffbezug

1_ Messen Sie den alten Bezugsstoff aus. Schneiden Sie den neuen Stoff auf diese Größe plus 3 cm Nahtzugabe rundum zu.

2_ Bügeln Sie die Nahtzugabe um, dann nähen Sie alle 4 Seiten mit der Nähmaschine sauber mit einem Steppstich um. Die Häkeldeckchen werden mit der Hand aufgenäht.

3_ Der neue Stoffbezug wird mit einem Elektrotacker an der ursprünglichen Position am Liegestuhl befestigt, dabei sitzt Klammer an Klammer.

Material

Für das Gestell
• Liegestuhl aus Holz
• Schleifpapier
• Holzschutzgrund
• Flachpinsel
• Antikbeize
• Acryllack, weiß
• Servietten
• Serviettenkleber
• kleiner Flachpinsel
• Schere
• Cutter
• Klarlack

Für den Stoffbezug
• fester Stoff, z. B. Leinen
• Maßband
• Stoffschere
• Nähmaschine
• Häkeldeckchen
• Nadel und Faden
• Elektrotacker mit Klammern (mind. 10 mm Länge)

Biertisch à la carte

Dinner for one, two, three, four, five … **An dieser schmucken Outdoor-Tafel finden garantiert alle Freunde Platz! Mit Antikbeize und edlen Mustern wird die Biertischgarnitur zum Schmuckstück.**

Biertisch

1_ Die Tischplatte wird gut mit einem Schwingschleifer abgeschliffen. Anschließend wird sie mit Holzschutzgrund vorbehandelt, nach dem Trocknen folgt der Zwischenschliff.

2_ Tragen Sie mit einem Flachpinsel Antikbeize auf und wischen Sie diese in Maserrichtung mit einem Tuch ab. Nach dem Trocknen streichen und betupfen Sie mithilfe eines Naturschwamms Tischkanten und -mitte grob mit weißer Abtönfarbe. Nach dem Trocknen tragen Sie eine dünne Schicht gelben Acryllack mit der Lackrolle auf die weißen Stellen auf. Partiell wird türkisfarbener Acryllack eingearbeitet.

3_ Wählen Sie eine Schablone für den Tischrand aus und schablonieren Sie entsprechend der Anleitung (Seite 20) mit weißem und gelbem Lack.

4_ Wenn der Lack gut getrocknet ist, wird mit einem Schwingschleifer die gesamte Tischfläche angeschliffen. An den Stellen mit Farbauftrag verharren Sie etwas länger. Stellenweise wird noch mit einem Deltaschleifer die Farbe in der Tischmitte und am Rand etwas gröber abgetragen. Es folgt ein sorgfältiger Abschlussanstrich mit Klarlack für den Außenbereich.

Bank

1_ Die Sitzfläche wird gut abgeschliffen und mit Holzschutzgrund vorbehandelt. Nach dem Zwischenschliff tragen Sie Antikbeize auf und wischen diese in Maserrichtung mit einem Tuch ab.

2_ Nach dem Trocknen streichen Sie die Kanten grob mit weißer Abtönfarbe. Die getrocknete obere Schicht weiße Farbe können Sie nach Belieben abschleifen. Dann versiegeln Sie das Holz sorgfältig mit Klarlack für den Außenbereich.

Material

- Biertischgarnitur
- Schwingschleifer
- Holzschutzgrund
- Lackrolle
- Schleifpapier
- Antikbeize
- Flachpinsel
- Abtönfarbe, weiß
- Naturschwamm
- Acryllack, gelb und türkisfarben
- Schablone
- Schablonierpinsel
- Deltaschleifer
- Klarlack

Bierbank-Sitzkissen

Bei diesen außergewöhnlichen Hussen möchte man fast lieber stehen bleiben, um sie in Ruhe bewundern zu können! – Frisch bedruckt und mit Liebe umgenäht kommen alte Tischdecken an der Gartentafel zu neuen Ehren.

1_ Eine Husse besteht jeweils aus zwei Teilen. Sichtbar ist die lange Stoffbahn, die aus einer alten Spitzentischdecke genäht wird. Darunter befindet sich eine mittig gegengenähte Stoff-Kassette, in die das Sitzkissen eingeschoben wird.

2_ Schneiden Sie zuerst die obere Stoffbahn mit 3 cm Nahtzugabe zu. Das Endmaß soll 30 cm Breite × 100 cm Länge betragen. Versäubern Sie rundum die Kanten mit Zickzackstichen, schlagen Sie dann die Nahtzugabe um und steppen Sie die Kanten ab.

3_ Nun wird der Stoff für die Kassette mit 3 cm Nahtzugabe zugeschnitten. Das Endmaß beträgt 30 cm Breite × 35 cm Länge. Nach dem Versäubern der Kanten schlagen Sie die Nahtzugabe an den Längsseiten um und steppen die beiden Kanten ab. Dann nähen Sie die Kassette an den zwei kurzen Kanten mittig gegen die Unterseite der langen Stoffbahn, sodass eine Art breite Stoffschlaufe entsteht. Die Seiten bleiben dabei komplett geöffnet, damit hier die Kissen problemlos eingeschoben werden können.

4_ Bedrucken Sie die Sitzfläche mit einem Motiv Ihrer Wahl. In Kreativmärkten und im Onlinehandel erhalten Sie dafür bedruckbare Textilfolie zum Aufbügeln.

Material

- Spitzentischdecke, weiß
- Stoff für Kassetten, weiß
- Schere
- Nähmaschine
- Textilfolie mit Motiv
- Bügeleisen

Tipp Nähen Sie Sitzkissen in der Größe 30 × 40 cm, damit sie seitlich aus der Kassette schauen. Die Kissenanleitung finden Sie auf Seite 111.

Kerzenvoliere

Dieser schmucke Vogelkäfig bringt romantisches Flair in windstille Eck-chen. Mit dem schicken Wickellook lassen sich prima Stoffreste verwerten. Die perfekte Beleuchtung für laue Sommernächte im Garten.

Material
- Vogelkäfig
- Baumwollstoff
- Schere
- Sekundenkleber
- Kerzen

1_ Reißen Sie aus einem Stück Baumwollstoff etwa 2 cm breite Stoffstreifen. Die Stoffmenge hängt von der Größe des Vogelkäfigs ab. Auch eine Kombina-tion aus verschiedenen Stoffen sieht sehr hübsch aus.

2_ Knoten Sie den ersten Streifen an einem Gitterstab des Vogelkäfigs fest und umwickeln Sie sehr stramm die Stäbe. Das Ende des Stoffstreifens fixieren Sie mit Sekundenkleber. So fahren Sie fort, bis alle Stäbe umwickelt sind.

3_ Setzen Sie dicke Stumpenkerzen in den Käfig und hängen Sie ihn an einer Astgabel auf. Falls es keine Aufhängung am Käfig geben sollte, können Sie sich mit einer feingliedrigen Kette, dickem Metalldraht oder auch einem Kleider-bügel behelfen.

Tipp Statt Kerzen fühlen sich auch Blumen in der Voliere sehr wohl. Kombinieren Sie dabei am besten Glasväschen in verschiedenen Größen.

Schaukelstuhl

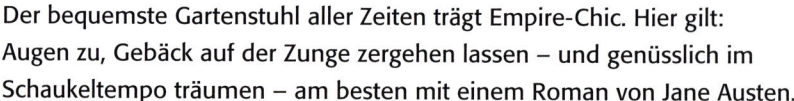

Der bequemste Gartenstuhl aller Zeiten trägt Empire-Chic. Hier gilt: Augen zu, Gebäck auf der Zunge zergehen lassen – und genüsslich im Schaukeltempo träumen – am besten mit einem Roman von Jane Austen.

1_ Schleifen Sie den Stuhl an und behandeln Sie ihn anschließend mit Holzschutzgrund vor.

2_ Nach dem Zwischenschliff wird die erste Schicht lichtgrauer Acryllack aufgetragen. Die Stäbe von Rücken- und Armlehne werden mit türkisfarbenem Lack gestrichen. Das Ganze gut trocknen lassen.

3_ Mit weißer Abtönfarbe erhalten die Stäbe, die Sitzfläche und stellenweise auch die Kufen einen zweiten Anstrich. Nach dem Trocknen wird die weiße Abtönfarbe nach Ihrem Geschmack abgeschliffen.

4_ Bekleben Sie die Lehne mit einem Blumenmuster Ihrer Wahl (siehe Anleitung Seite 19). Dann erfolgt der sorgfältige Abschlussanstrich mit einem Klarlack für den Außenbereich.

Tipp Eine natürliche »Abnutzungsoptik« erhalten Sie, wenn vor allem die Kanten sowie die vorstehenden Ornamente und Riefen bis auf das Holz durchgeschliffen werden.

Material

- Schaukelstuhl
- Schleifpapier
- Holzschutzgrund
- Acryllack, lichtgrau und türkisfarben
- Lackrolle
- Lackwanne
- Flachpinsel
- Abtönfarbe, weiß
- Tapete mit Blumenmuster oder großes Glanzbild
- Kleister oder Découpagekleber
- Klarlack

Kissenschlacht

Hier geht's ganz schön bunt zu! Ob Omas Tischdecke, alte Bettbezüge, Wachstuch oder Leinen – es lässt sich fast alles zu einem Kissen verarbeiten. Kissenverzierungen mit Spitze, Jute, Textildruck oder Serviettentechnik machen Ihre Kissen zu den Stars im Garten!

1_ Im Grunde ist ein Kissen mit nur 3 Nähten genäht. Bestimmen Sie zuerst die Kissengröße, beispielsweise 40 × 40 cm. Für den Stoffzuschnitt nehmen Sie das gewünschte Maß doppelt zuzüglich 2 cm Nahtzugabe, für dieses Beispiel wird der gebügelte Stoff also auf 42 × 84 cm zugeschnitten.

2_ Nun geht es ans Verzieren. Sämtliche Applikationen und Muster werden noch vor dem Zusammennähen auf die Kissenvorderseite aufgebracht. Nähen Sie nach Belieben Borten, Zierstoffe und Spitzen auf oder bedrucken Sie die Kissenhülle mit Textilfolie. Natürlich können Sie auch auf die Serviettentechnik zurückgreifen oder mit Textilfarbe Schablonieren. Holen Sie sich Anregungen in den Grundtechniken (Seite 18–21).

3_ Nun falten Sie die Stoffbahn mittig auf links. Steppen Sie mit der Nähmaschine die drei offenen Seiten ab, belassen Sie dabei aber auf einer der Seiten eine Öffnung von gut 10 cm zum Wenden.

4_ Wenden Sie nun die Kissenhülle auf rechts und befüllen Sie diese mit Füllwatte. Abschließend nähen Sie die Wendeöffnung mit der Hand zu.

Tipp

Aus robusten Stoffen oder Flickenteppichen lassen sich auch schöne Boden-Sitzkissen anfertigen. Als Füllmaterial für sehr große Objekte eignen sich auch alte Decken sehr gut.

Material

Für das Kissen
- Stoff
- Maßband
- Schere
- Bügeleisen
- Nähmaschine
- Füllwatte
- Nadel und Faden

Für die Verzierung
nach Belieben:
- Stoffreste
- Spitze
- Borte
- Textilfolie
- Servietten
- Serviettenkleber
- Textilfarbe und Schablone
- Nadel und Faden

BBQ-Station

Die Grillsaison ist eingeläutet! Stapelweise Paletten bieten viel Stauraum für Grillutensilien und obendrauf eine große Arbeitsfläche. Und dank der Rollen wird die BBQ-Station zur mobilen Outdoor-Küche – ein absoluter Alleskönner für Garten, Terrasse und Balkon.

Korpus

1_ Die 7 Paletten werden gereinigt und mit Holzschutzgrund vorbehandelt. Tragen Sie nun mit einem Pinsel satt weißen Lack auf und lassen ihn gut trocknen. Versiegeln Sie die Paletten sorgfältig mit einem Klarlack für den Außenbereich.

2_ Schrauben Sie 4 handelsübliche Industrierollen mit einem Akkuschrauber unter die Ecken einer Palette. Stapeln Sie auf diese die übrigen Paletten zu einem kleinen Turm auf und verschrauben Sie die einzelnen Elemente von hinten mit Lochbändern.

Tischplatte

1_ Beizen Sie die Leimholzplatte mit Antikbeize und lassen Sie alles gut trocknen. Dann folgt der Zwischenschliff.

2_ Wählen Sie ein Schablonenmuster aus. Bringen Sie dieses wie auf Seite 20 beschrieben mit weißem Acryllack auf die Platte auf. Nachdem das Muster getrocknet ist, tragen Sie mit einer Lackrolle Klarlack für den Außenbereich als Abschlussanstrich auf die Platte auf.

3_ Nun kann die Tischplatte auf den Korpus gelegt und von hinten mit Lochbändern verschraubt werden.

Material

Für den Korpus

- 7 Paletten (60 × 80 cm)
- Holzschutzgrund
- Acryllack, weiß
- Flachpinsel
- Klarlack
- 4 Industrierollen
- Akkuschrauber
- Schrauben
- Lochbänder

Für die Tischplatte

- Leimholzplatte
- Antikbeize
- Flachpinsel
- Schleifpapier
- Schablone
- Schablonierpinsel
- Klarlack
- Lackrolle

Schublade

Diese schicke Schublade passt nicht nur perfekt in die BBQ-Station. Sie macht auch als Tablett-Ersatz auf dem Tisch eine prima Figur und bietet Gläsern und Flaschen sicheren Halt.

1_ Schleifen Sie die Schublade an. Beizen Sie die Front und die Seiten mit Antikbeize und lassen Sie alles gut trocknen.

2_ Streichen Sie nun die Schubladenseiten mit Krakeliermedium satt ein und lassen Sie sie kurz antrocknen. Dann streichen Sie mit dem Pinsel weiße Abtönfarbe über das Medium und föhnen die Fläche leicht an. Die Oberfläche reißt nach kurzer Zeit und erhält die gewünschte Krakelee-Optik. Die Farbe soll gut trocknen.

3_ Wählen Sie eine Schablone für die Front aus. Schablonieren Sie entsprechend der Anleitung (siehe Seite 20) mit einem Farbton Ihrer Wahl. Wenn Sie möchten, malen Sie das Muster zusätzlich mit einem 3-D-Lack nach.

4_ Wählen Sie Tapete für das Schubladeninnere aus und schneiden Sie diese entsprechend für die vier Wände und den Schubladenboden zu. Dies gelingt am saubersten mit einem Cutter und einer Metallschneideschiene. Die Tapetenrückseite wird nun mit Kleister oder Découpagekleber satt eingestrichen. Nach ein paar Minuten Einwirkungszeit bekleben Sie erst den Boden, dann folgt eine Seite nach der anderen. Um ein sauberes Ergebnis zu erzielen, rakeln Sie die Tapete von der Flächenmitte nach außen vorsichtig an. Das Papier gut trocknen lassen.

5_ Es folgt ein sorgfältiger Abschlussanstrich der Außen- und Innenflächen mit Klarlack. Nach dem Trocknen schrauben Sie einen passenden Möbelknopf an die Schublade. Sägen Sie für Ihre Schubladentrennung ein entsprechendes Holzbrett zu und lackieren Sie es in der gewünschten Farbe. Kleben Sie die Trennung mit Heißkleber auf die gewünschte Stelle. Zum Schluss können Sie Ihre Schublade noch mit Spitze verzieren. Dazu kleben Sie diese punktuell mit Heißkleber auf.

Material

- Schublade
- Schleifpapier
- Antikbeize
- Krakeliermedium
- Abtönfarbe, weiß
- Föhn
- Schablone
- Schablonierpinsel
- Acryllack
- 3-D-Lack
- Tapete
- Cutter
- Schneideschiene
- Kleister (alternativ Découpagekleber)
- Klarlack
- Möbelknopf
- Holzstück für Schubladentrennung
- Stichsäge
- Heißklebepistole
- Spitze

Schreibtisch

Blumenduft in der Nase, Sonne auf der Haut, Vogelgesang im Ohr – und die Büroarbeit geht federleicht von der Hand. Auf diesem rustikalen Gartenschreibtisch findet auf der Laptop bequem Platz.

Material

Für die Metallaufhängung

- Metallaufhängung
- Glasreiniger oder Nitroverdünnung
- Schleifpapier
- Rundpinsel
- Schwamm
- Metalllack, weiß, braun und gold
- Metallschutz
- 4 große Schrauben und Dübel (je nach Wand)

Für die Tischplatte

- Holzbrett (ca. 40 × 100 cm)
- Dampfdruckgerät
- Holzwachs
- Lackrolle
- Lochband
- Schrauben für Lochband

Metallaufhängung

1_ Entfetten Sie das Metall mit Glasreiniger und schleifen Sie es an. Lackieren Sie es stellenweise mit weißem Lack und einem Rundpinsel, dann lassen Sie alles sehr gut trocknen.

2_ Nun geben Sie braunen und goldenen Lack auf einen Teller. Tupfen Sie mit einem Schwamm stellenweise beide Farbtöne auf das Metall. Arbeiten Sie dabei »nass in nass«, so entsteht eine schöne Rost-Optik.

3_ Ist die Farbe trocken, versiegeln Sie alles mit einem Metallschutz. Nach dem Trocknen bringen Sie die Aufhängung an die Rückwand an (für die meisten Wände empfehlen sich dafür Dübel und lange Spaxschrauben).

Tischplatte

1_ Für die Tischplatte brauchen Sie ein altes Holzbrett. Reinigen Sie es mit einem Dampfdruckgerät und wachsen Sie es abschließend mithilfe einer Lackrolle.

2_ Das Brett wird auf die Metallhalterung gelegt und von unten mit einem Lochband an die Metallhalterung geschraubt.

Tipp Sie können jegliche Holzbretter als Tischplatte verwenden, hier wurde ein altes Eichenbrett eingesetzt. Besonders schön ist auch Treibholz!

Schreibtischstuhl

Material

- Holzstuhl
- Schleifmaschine
- Holzschutzgrund
- Acryllack weiß, blau und grün
- Flachpinsel
- Schleifpapier
- Servietten
- Serviettenkleber
- kleiner Flachpinsel
- Effekt-Liner
- Klarlack
- Spitzenborte
- MDF-Platte
- Transparentpapier
- Permanentmarker
- Schere
- Stichsäge
- Tapete und Kleister
- Cutter

… **für kreative Amtsstuben! Hier wird Dienst nach Vorschrift klein geschrieben.**

Stuhlgestell

1_ Entfernen Sie die Sitzfläche und schleifen Sie den Stuhl an. Behandeln Sie das Holz mit Holzschutzgrund vor.

2_ Nach dem Zwischenschliff tragen Sie die erste Schicht blauen Acryllack auf und lassen ihn gut trocknen. Dann schleifen Sie den Lack teilweise wieder ab. Nun tragen Sie nach dem gleichen Schema eine zweite Schicht in Grün auf und schleifen stellenweise ab. Die dritte Schicht wird ebenso mit weißem Acryllack erzeugt.

3_ Bekleben Sie nun Ihre Rückenlehne, die zwei Armlehnen und den Sitzvorderboden wie auf Seite 18 beschrieben mit der Serviettentechnik. Nach der entsprechenden Trockenzeit haben Sie die Möglichkeit, die Serviettenkanten und -flächen vorsichtig anzuschleifen. Malen Sie die Muster mit einem Effekt-Liner nach und lassen Sie alles gut trocknen. Es folgt ein sorgfältiger Abschlussanstrich mit Klarlack für den Außenbereich. Dann können Sie die Spitzenborte mit Heißkleber aufbringen.

Sitzfläche

1_ Ist die Sitzfläche noch vorhanden, nutzen Sie diese als Schablone. Fehlt die Sitzfläche, legen Sie ein Transparentpapier auf das Loch der Sitzfläche und übertragen die Form mit einem Permanentmarker. Nun schneiden Sie Ihre Schablone aus und übertragen die Form auf die MDF-Platte. Mit einer Stichsäge sägen Sie Ihre neue Sitzfläche aus.

2_ Legen Sie die Sitzfläche auf die Tapete und schneiden Sie die Tapete mithilfe eines Cutters zu. Kleistern Sie die Tapete rückseitig ein und lassen Sie den Kleister ein paar Minuten ziehen. Dann legen Sie die Tapete auf das Holz und rakeln von der Flächenmitte nach außen die Tapete an. Nach dem sorgfältigen Abschlussanstrich mit Klarlack für den Außenbereich können Sie die Fläche in das Gestell setzen.

Menage

Eine romantisch-bunte Ablage und Gedankenstütze: Dieses ehemalige Gewürzregal beherbergt nun Schreibtischutensilien und alles, was das Arbeiten schöner macht.

Regal

1_ Schleifen Sie das Regal an und behandeln Sie es mit Holzschutzgrund vor. Nach dem Zwischenschliff tragen Sie die erste Schicht rosa Acryllack auf und lassen diese gut trocknen. Dann streichen Sie die zweite Schicht mit weißer Abtönfarbe. Nach dem Trocknen schleifen Sie diese wieder teilweise ab.

2_ Malen Sie zusätzlich mit einem Effekt-Liner Punkte auf die Kanten und lassen Sie diese gut trocknen. Der Abschlussanstrich erfolgt mit einem Klarlack für den Außenbereich.

Rückwand

1_ Legen Sie das Regal auf die MDF-Platte und zeichnen Sie die innere Form mit einem Bleistift nach. Mit einer Stichsäge sägen Sie nun die zukünftige Rückwand aus der Platte aus. Passen Sie diese in das Regal ein, indem Sie hier und da noch eine Ecke abschleifen. Dann nehmen Sie die Wand zur Weiterverarbeitung wieder heraus.

2_ Wählen Sie eine Tapete passend zur Stuhlfarbe. Legen Sie die Vorderseite der Rückwand auf die Tapete und schneiden Sie diese mithilfe eines Cutters zu. Kleistern Sie die Tapete rückseitig ein und lassen Sie ihn ein paar Minuten einziehen. Dann legen Sie die Tapete auf das Holz und rakeln von der Flächenmitte nach außen die Tapete an. Es folgt ein sorgfältiger Abschlussanstrich mit Klarlack für den Außenbereich. Dann können Sie die Spitzenborte mit der Heißklebepistole aufbringen.

Material

- Menage
- Schleifmaschine
- Holzschutzgrund
- Flachpinsel
- Acryllack, rosa
- Schleifpapier
- Abtönfarbe, weiß
- Effekt-Liner
- Klarlack
- MDF-Platte, 0,5 mm Stärke
- Bleistift
- Stichsäge
- Tapete und Kleister
- Cutter
- Heißklebepistole
- Spitzenborte

Märchenbett

Kurze Märchenstunde im Garten… In diesem romantischen Garten-Bett fühlen Sie sich wie die Prinzessin auf der Erbse, Dornröschen oder verzaubert in Tausendundeine Nacht. Der perfekte Platz für laue Sommernächte oder entspannte Gartentage.

Bettrücken

1_ Der Bettrücken wird angeschliffen und mit Holzschutzgrund vorbehandelt. Nach dem Zwischenschliff wird die erste Schicht weißer Acryllack aufgetragen, alles gut trocknen lassen.

2_ Der zweite Anstrich folgt ganzflächig mit einer hellgelben Abtönfarbe. Nach dem Trocknen können Sie die Abtönfarbe nach Geschmack abschleifen, damit Ihr Gartenbeet einen nostalgischen Look bekommt.

3_ Schablonieren Sie den Bettkopf nach der Grundanleitung auf Seite 20 mit einem Farbton Ihrer Wahl. Streichen Sie das Holz abschließend sorgfältig mit Klarlack für den Außenbereich.

Liegefläche

1_ Schrauben Sie vier handelsübliche Industrierollen unter die Palette (60 × 80 cm). Anschließend wird die Bettrückwand mit langen Schrauben von unten auf die Palette geschraubt. Zusätzlich empfiehlt es sich, die Rückenkonstruktion an einer Wand oder einem Baum zu fixieren.

2_ Schneiden Sie eine alte Kaltschaummatratze mithilfe eines Cutters auf die Maße 50 × 80 cm zu. Drapieren Sie die Matratze mit Ihrer Lieblingsdecke und einigen Kissen auf Ihr Märchenbett. Ideen für dekorative Kissen finden Sie auf Seite 111.

Material

Für die Bettrückwand
- Bettrücken aus Holz
- Schleifpapier
- Holzschutzgrund
- Acryllack, weiß
- Klarlack
- Lackrolle
- Abtönfarbe, hellgelb
- Acryllack, blau
- Schablone
- Schablonierpinsel
- Lackwanne

Für die Liegefläche
- Europalette (60 × 80 cm)
- 4 Industrierollen
- Kaltschaummatratze

Baldachin

Vorhang auf! Hier kommt ein wunderbarer Schattenspender für Ihre Märchenbühne. So darf der Sommer ewig dauern …

Material

- Hula-Hoop-Reifen
- Stichsäge
- Metermaß
- Baumwollstoff, mind. 90 cm breit
- Schere
- Nähmaschine
- Bügeleisen
- Spitzenborte
- leichter Stoff, z. B. Gaze
- Nadel und Faden
- feste Bänder

1_ Sägen Sie den Hula-Hoop-Reifen auf und messen Sie die Länge des Reifens.

2_ Schneiden Sie eine 24 cm breite Stoffbahn auf die Länge des Reifens plus 5 cm zu. Falten Sie die Stoffbahn der Breite nach mittig auf 12 cm und steppen Sie die Kanten mit der Nähmaschine zusammen, sodass Sie einen langen Stoffschlauch erhalten. Dann wenden Sie den Schlauch und bügeln ihn glatt.

3_ Nähen Sie nun die Spitzenborte auf den Stoffschlauch. Lassen Sie oberhalb der Borte mindestens 5 cm Platz, um den Reifen einziehen zu können.

4_ Bereiten Sie nun die herunterhängenden Stoffbahnen für den Baldachin vor. Sie sind 90 cm breit, die Länge und die Anzahl sind frei wählbar. Schneiden Sie Ihre Bahnen in der gewünschten Länge zu. Je mehr Stoffbahnen es sind, umso fülliger wird der Baldachin. Versäumen Sie jeweils das obere und untere Ende der Stoffbahnen mit der Nähmaschine.

5_ Steppen Sie nun die Stoffbahnen mit der Nähmaschine von hinten auf den bereits angefertigten Stoffschlauch, und zwar auf Höhe der Spitzenbordüre. Ziehen Sie anschließend den Schlauch als Ummantelung über den aufgeschnittenen Reifen. Dann nähen Sie die Schlauchenden mit der Hand zusammen.

6_ Abschließend schneiden Sie als Aufhängung für den Baldachin mindestens 3 feste Bänder in der gewünschten Länge zu. Heften Sie diese von innen mit der Hand an den Stoff und knoten Sie sie dann zu einem Strang.

Tipp

Feine Gaze oder Organza sind für die langen Stoffbahnen des Baldachins ideal. Für die Ummantelung des Reifens eignet sich ein fester Baumwollstoff.

Schaukeltisch

Ein charmantes Plätzchen für zwei – leichter Wellengang und Bauch-kribbeln sind inbegriffen. Dieser außergewöhnliche Tisch ist blitzschnell gebaut und »steht« auch auf unebenem Gelände gerade. Und mit zusätz-lichen Obstkisten und bequemen Kissen ist er ganz einfach zur Sitzgruppe erweiterbar.

Material

- Obstkiste
- Schleifmaschine
- Holzschutzgrund
- Acryllack, weiß (alternativ Lasur)
- Klarlack
- Flachpinsel
- Bohrer
- Seil
- Seilklemmen
- große S-Haken

1_ Die Obstkiste wird gereinigt und mit einer Schleifmaschine abgeschliffen. Dann wird der Holzschutzgrund aufgetragen. Nach dem Trocknen folgt der Zwischenschliff.

2_ Verdünnen Sie etwas weißen Acryllack stark mit Wasser und tragen Sie mit einem Pinsel den sehr flüssigen Lack auf das Holz auf.

3_ Nach dem Trocknen versiegeln Sie das Ganze sorgfältig mit Klarlack für den Außenbereich.

4_ Bohren Sie nun je ein Loch in die vier Ecken des Kistenbodens. Ziehen Sie ein Seil in der gewünschten Länge durch die beiden Löcher auf der linken Seite der Kiste und befestigen Sie die Seilenden mit einer Seilklemme. In gleicher Weise verfahren Sie auf der rechten Seite.

5_ Hängen Sie Ihre Tischschaukel mit großen S-Haken an einen entsprechend stabilen Ast.

Tipp Statt mit stark verdünntem Lack können Sie die Obstkiste auch nach der Grundierung mit einer Holzlasur anstreichen.

Obstkisten-Tablett

Bei vielen Verpackungen ist es eigentlich zu schade, sie wegzuwerfen. Mit wenigen Veränderungen können sie durchaus zu dekorativen Helfern werden. So zum Beispiel auch diese Obstkiste aus Holz, die zu einem kleinen Tablett umfunktioniert wird.

Material

- Obstkiste aus Holz
- feines Schleifpapier
- Malerkrepp
- Acryllack in Petrol und Weiß
- Schablone
- Stupfpinsel und flacher Universal-Pinsel

1_ Damit der Lack gut hält, die gesamte Kiste mit feinem Schleifpapier leicht anrauen. Schleifstaub abklopfen und mit einem feuchten Tuch abwischen. Trocknen lassen und anschließend die Kiste an den entsprechenden Stellen mit Malerkrepp abkleben, wenn das Tablett mit verschiedenen Farben lackiert werden soll.

2_ Mit dem Pinsel gleichmäßig den Acryllack auftragen. Auch die Innenseite der Obstkiste wird lackiert. Immer gilt: lieber zwei dünne Schichten Farbe als eine dicke! Den Lack gut trocknen lassen und dann den Malerkrepp entfernen. Anschließend die Ecken mit dem weißen Lack streichen.

3_ Ist die Grundfarbe des Tabletts gut getrocknet, kann mit der Verzierung begonnen werden. Dafür die Punkte-Schablone fest an die gewünschte Stelle drücken und mit dem Stupfpinsel die weiße Farbe auftragen (siehe Anleitung Seite 20). Darauf achten, dass der Stupfpinsel nicht zu viel Farbe trägt, da diese sonst unter die Schablone läuft und so das Muster leicht verschmiert.

Tipp Eine Obstkiste kann auch als kleines Regal im Schuppen dienen und dann leichte Utensilien wie Schnur, Samentüten oder Ähnliches beherbergen. Schrauben Sie einfach den Boden einer Obstkiste mit hohem Rand an die Wand!

Spitzen-Deckel

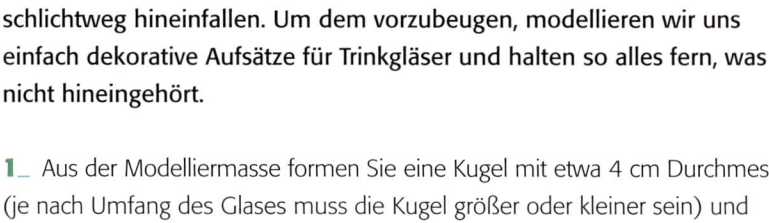

Ist der Sommer da, gibt es leckere Getränke. Sind die leckeren Getränke da, gibt es Insekten, die sich ebenfalls daran erfrischen möchten oder schlichtweg hineinfallen. Um dem vorzubeugen, modellieren wir uns einfach dekorative Aufsätze für Trinkgläser und halten so alles fern, was nicht hineingehört.

1_ Aus der Modelliermasse formen Sie eine Kugel mit etwa 4 cm Durchmesser (je nach Umfang des Glases muss die Kugel größer oder kleiner sein) und walzen diese anschließend mit dem Wellholz flach, etwa 3 mm dick. Tun Sie dies am Besten auf einer Silikonmatte oder auf ausgelegtem Backpapier – dann lässt sich später alles wieder leicht ablösen.

2_ Nun wird das Muster übertragen: Legen Sie das Spitzendeckchen auf die ausgewellte Fläche aus Modelliermasse und streichen Sie vorsichtig alle Falten heraus. Liegt es ganz flach, drücken Sie das Muster ab, indem Sie mit dem Wellholz darüberwalzen. Dabei gleichmäßig drücken und sicherstellen, dass das Muster an allen Stellen auf die Modelliermasse übertragen wird.

3_ Nehmen Sie die Spitzendecke wieder ab und stellen Sie das Glas umgedreht und ohne Druck auf die modellierte Fläche. So ermitteln Sie die richtige Größe der Abdeckung. Mit dem Messer schneiden Sie nun mit etwa 15 mm Zugabe einen Kreis rund um das Glas. In die Mitte stechen Sie mit dem Trinkhalm ein Loch.

Material

- weiße Modelliermasse
- Silikonmatte oder Backpapier
- Wellholz
- Spitzendeckchen
- Trinkglas
- scharfes Messer
- Strohhalm
- Klarlack, matt

Tipp Für ganz Eilige gibt es auch eine schnelle Variante aus Marmeladengläsern mit hübschen Deckeln. Mit einem Metallbohrer von außen nach innen ein Loch in den Deckel bohren und scharfe Kanten von innen her flachklopfen. Deckel aufschrauben, Strohhalm hineinstecken – genießen!

130

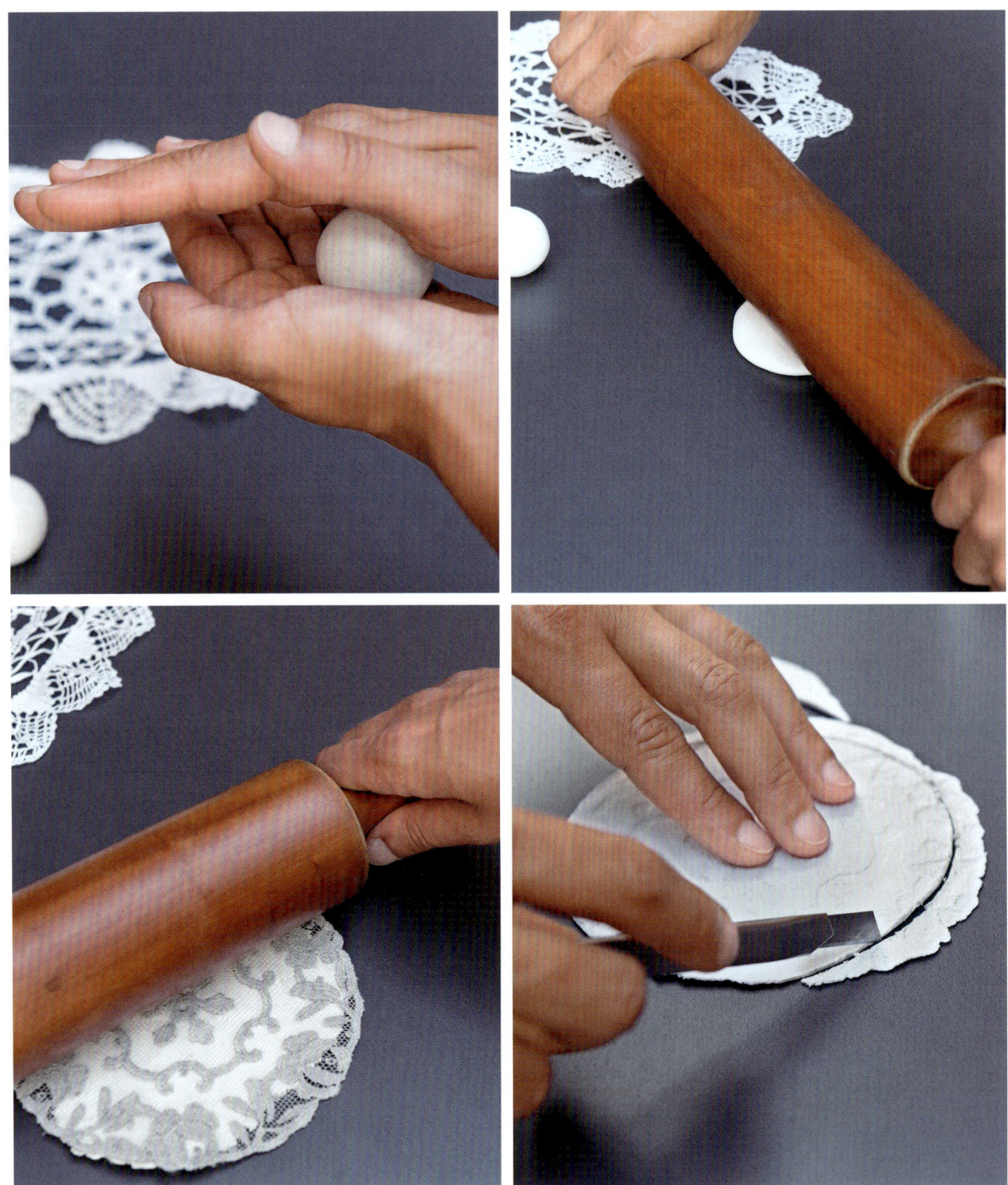

4_ Lösen Sie dann die mittlerweile runde Form mit dem Spitzenabdruck behutsam von der Unterlage. Versuchen Sie dabei die Kontur nicht zu verändern. Legen Sie die modellierte Abdeckung vorsichtig auf das Glas und formen Sie den überstehenden Rand durch zusammendrücken einzelner Falten. So wird die Optik des Spitzendeckchens noch einmal imitiert und der Insektenschutz liegt später wie ein kleiner Deckel auf dem Glas auf.

5_ Nehmen Sie die Abdeckung wieder vorsichtig vom Glas und legen Sie sie umgedreht (also mit dem Spitzenabdruck nach unten) zum Trocknen an einen sicheren Ort. Haben Sie Modelliermasse zum Aushärten im Backofen verwendet, befolgen Sie die Anleitung zum Trocknen im Ofen.

6_ Nach dem Trocknen sollte die kleine Abdeckhaube mit Klarlack versiegelt werden. Hierfür beide Seiten dünn mit einer Schicht Klarlack lackieren.

Links: Schritt für Schritt entsteht eine charmante Glasabdeckung, die Fliegen und Bienen zuverlässig vom Bad in Ihrem Getränk abhält.

Kinderstühle

Hier darf man munter drauf los kritzeln! Und wer braucht schon Platzkärtchen? – Dank der wiederbeschreibbaren Stuhllehnen sind die »Besitz-Verhältnisse« auf jeder Gartenparty geklärt.

1_ Schleifen Sie die Stühle mit Schleifpapier an und behandeln Sie das Holz mit Holzschutzgrund vor.

2_ Nach dem Zwischenschliff lackieren Sie die Stühle mit weißem Acryllack. Lassen Sie die Lackschicht sehr gut trocknen.

3_ Wählen Sie nun ein Serviettenmotiv aus. Schneiden Sie Ihr Motiv zu und kleben Sie es entsprechend der Grundtechnik (Seite 18) seitlich und vorne am Rahmen der Stuhlsitzfläche auf. Möchten Sie den Stühlen einen nostalgischen Touch verleihen, schleifen Sie Farbe und Serviettenmuster am Stuhl nach Belieben an und sorgen so für den gewünschten Shabby-Look.

4_ Verzieren Sie abschließend Ihr Werk noch mit einem Effekt-Liner. Dann lackieren Sie den Stuhl mit einem Klarlack für den Außenbereich.

5_ Erst danach lackieren Sie die Stuhllehne sowie die Sitzfläche mit einem schwarzen Schultafellack. Kleben Sie unbedingt vor dem Anstrich die Stuhl-kanten mit Malerkrepp ab. Schultafellacke können mit einer Lackrolle oder mit einem Pinsel aufgetragen werden. Ich bevorzuge das Lackieren mit einer Rolle. Tafellack ist lösemittelhaltig und sollte im Freien oder in sehr gut belüfteten Räumen verarbeitet werden.

Material

- Kinderstühle aus Holz
- Schleifpapier
- Holzschutzgrund
- Acryllack, weiß
- Flachpinsel
- Servietten
- Serviettenkleber
- kleiner Flachpinsel
- Schere
- Cutter
- Effekt-Liner
- Klarlack
- Malerkrepp
- Schultafellack, schwarz
- Lackrolle
- Lackwanne

Tipp

Nähen Sie kleine Kissen für die Stühlchen, damit die Kleinen es so richtig bequem haben. Wählen Sie dazu am besten unterschiedliche Stoffmuster – das macht gute Laune!

Schultafel

Punkt, Punkt, Komma, Strich … Mit dieser kleinen Tafel erobern die Montagsmaler Ihren Garten!

Material

Für die Tafel
- MDF-Platte (40 × 80 cm)
- Gehrungssäge
- Wandfarbe, weiß
- Lackrolle
- Lackwanne
- Schultafellack, grün
- Winkelleisten
- Stichsäge
- Acryllack, braun
- Flachpinsel
- Krakeliermedium
- Abtönfarbe, weiß
- Föhn
- Klarlack
- Heißklebepistole
- Tortenspitze

Für die Staffelei
- Holzstaffelei
- Schleifpapier
- Abtönfarbe, weiß und braun
- Flachpinsel
- Schwamm
- Klarlack

Tafel

1_ Sägen Sie eine MDF-Platte auf das gewünschte Maß zu, 40 × 80 cm sind für eine Staffelei optimal. Wer möchte, kann sich die Platte auch im Baumarkt zuschneiden lassen.

2_ Grundieren Sie beide Plattenseiten mit weißer Wandfarbe und lassen Sie die Farbe sehr gut trocknen! Nun lackieren Sie eine Seite der Platte mit grünem Schultafellack wie auf Seite 135 beschrieben. Es empfiehlt sich ein zweiter Anstrich nach der Trockenzeit.

3_ Sägen Sie die Winkelleisten auf das Kantenmaß zu. Lackieren Sie die Leisten mit braunem Acryllack. Nach dem Trocknen tragen Sie satt Krakeliermedium auf und lassen es kurz antrocknen. Dann streichen Sie weiße Abtönfarbe über das noch feuchte Krakeliermedium und föhnen das Ganze an, bis die obere Schicht reißt.

4_ Wenn alles gut trocken ist, überstreichen Sie abschließend die Leisten mit einem Klarlack. Kleben Sie nun die Leisten mit Heißkleber auf die MDF-Platte. Die Ecken sind mit etwas Tortenspitze verziert.

Staffelei

1_ Schleifen Sie das Holz an. Geben Sie nun etwas weiße Abtönfarbe auf einen flachen Teller und tunken Sie die Borstenenden eines Flachpinsels leicht in die Farbe. Streifen Sie diese an einem Küchentuch ab und streichen Sie nun mit kurzen, schnellen Pinselstrichen über das Holz. Nach dem Trocknen schleifen Sie die Farbe stellenweise mit feinem Schmirgelpapier ab.

2_ Mit einem Küchenschwamm betupfen Sie die Kanten mit brauner Abtön-farbe. Damit Sie dabei nur ganz wenig Farbe verwenden, geben Sie diese mit einem Pinsel sehr dünn auf die Schwammoberfläche. Versiegeln Sie das Holz abschließend sorgfältig mit einem Klarlack.

Hundehütte

Die Sommerresidenz für Ihren Hund! – Mit Moos und Sukkulenten gedeckt fügt sich das tierische Gartenhaus perfekt in die Umgebung ein und sorgt für angenehme Kühle an heißen Tagen.

Material

Für den Dachausbau

- Hundehütte aus Holz
- Meterstab
- Dachlatten
- Stichsäge
- Schrauben
- Akkuschrauber

Für den Anstrich

- Schleifpapier
- Holzschutzgrund
- Lackrolle
- Flachpinsel
- Lackwanne
- Acryllack, weiß
- Acryllack, farbig
- Klarlack

Für die Bepflanzung

- Teichvlies
- Schere und Tacker
- Maschendraht mit großen Löchern
- Seitenschneider
- Blumenerde
- Sukkulenten
- Moos

Dachausbau

1_ Messen Sie die 4 Schenkellängen des Satteldaches von der Hundehütte aus. Dann sägen Sie 4 Dachlatten auf die entsprechenden Schenkellängen zu. Der Einfachheit halber ist die Gehrung am Dachfirst weggelassen. Schrauben Sie nun Ihre Dachlattenstücke jeweils plan an die vordere und hintere Dachkante.

2_ Messen Sie nun die 2 Seitenkanten Ihres Daches aus und sägen Sie 2 Holzlatten entsprechend zu. Nun verschrauben Sie die beiden Hölzer zwischen die schon angebrachten Dachschenkel an die äußere Dachkante.

Hundehütte Corpus

1_ Die Hütte wird angeschliffen und mit Holzschutzgrund vorbehandelt. Nach dem Zwischenschliff tragen Sie weißen Acryllack auf. Gut trocknen lassen.

2_ Der zweite Anstrich erfolgt ganzflächig mit einer Abtönfarbe Ihrer Wahl. Nach der Trockenzeit schleifen Sie die Abtönfarbe nach Ihrem Geschmack ab und versiegeln das Holz mit Klarlack für den Außenbereich.

Dachbepflanzung

1_ Schneiden Sie das Teichvlies auf die Maße des Daches zu. Schlagen Sie damit den entstandenen Raum zwischen den angebrachten Dachlatten komplett aus und tackern Sie das Vlies am inneren Rand der Latten fest.

2_ Füllen Sie das Dach bis zum Rand mit Blumenerde und drücken Sie die Erde fest. Legen Sie über das gesamte Dach einen großlöchrigen Maschendraht und tackern Sie ihn oben auf die Dachlatten. Schneiden Sie mit einem Seitenschneider größere Löcher in die Stellen des Drahtgeflechts, wo die Sukkulenten eingepflanzt werden sollen. Nach dem Einpflanzen bedecken Sie den Rest des Dachs mit Moos.

Bunter Fußabtreter

Farbig und robust – so soll er sein, der neue Fußabtreter. Doch leider ist weder im Fachhandel noch im Internet die gewünschte Kombination zu finden!? Macht nichts! Mit einer Holzfliese aus dem Baumarkt, etwas Farbe und Spaß am Basteln können Sie einen Fußabtreter ganz einfach selbst gestalten. Und das Beste daran: Die Farben sind genau die, die Sie sich vorgestellt haben!

Material
- druckimprägnierte Holzfliese, 50 × 50 cm
- Fuchsschwanz-Säge
- Schleifpapier
- Malerkrepp
- Zeitungspapier
- Kunstharzlack in verschiedenen Farben
- Pinsel

1_ Das Quadrat der Holzfliese wird durch Absägen der drei Sprossen auf der Unterseite in eine rechteckige Form gebracht – so passt der Fußabtreter besser vor den Hauseingang. Sägekanten gut abschleifen.

2_ Das Holz mit Schleifpapier leicht anrauen und gründlich den Schleifstaub entfernen. Mit einem breiten Pinsel den Holzschutzgrund auftragen und trocknen lassen. Nach dem Zwischenschliff nochmals gründlich von Staub befreien.

3_ Mit dem Malerkrepp die Zwischenräume zwischen den einzelnen Holzlatten abkleben.

4_ Zeitungspapier unterlegen. Mit einem breiten Pinsel die einzelnen Latten lackieren. Dabei immer in eine Richtung streichen und nicht zu viel Farbe auf einmal auftragen.

5_ Den fertig lackierten Fußabtreter gut trocknen lassen und in den Eingangsbereich legen. Bei Verschmutzungen groben Dreck zunächst mit einem Besen und dann mit einem feuchten Lappen entfernen.

Tipp Mit den fertig bemalten Holzfliesen können Sie auch den ganzen Eingangsbereich neu gestalten. Für eine feste Verbindung zwischen den einzelnen Fliesen sorgt ein passendes Kunststoffgitter.

Florales für drinnen und draußen

Kränze, Arrangements & Co. schmücken nicht nur

Garten und Haustür, sie begrünen auch Wände, Fensterbänke

oder Kaffeetafeln und bringen Gartenfeeling ins Haus.

Frühlingskranz

Ein kleiner Blütenbote, der das letzte Wintergrau vertreibt und ganz einfach gute Laune zaubert. Der Clou: In einem mit frischem Wasser gefüllten Reagenzglas bleiben die ersten Frühblüher lange frisch und können nach Belieben ausgetauscht werden.

Material

- biegsame (Reben-)Zweige
- Floristendraht
- Moos und kleine Äste
- Reagenzglas, 10 cm
- Deko-Vogel
- Heißklebepistole und Heißkleber
- frische Blumen

1_ Für den Kranz am besten biegsame Rebenzweigen verwenden. So ist kein Drahtrohling nötig, die einzelnen Stränge können mit Floristendraht zusammengewickelt werden. Dazwischen immer wieder ein bisschen Moos oder kleine Äste einflechten und in eine schöne, runde Form bringen.

2_ Mit einem Pinselstiel oder Ähnlichem eine kleine Öffnung für das Reagenzglas schaffen und dieses vorsichtig hineinschieben. Dickere Zweige eventuell entfernen, damit das Glas nicht bricht.

3_ Den Vogel und andere Verzierungen mit Heißkleber am Kranz anbringen, und zum Schluss frische Blumen in das mit Wasser gefüllte Reagenzglas schieben.

Tipp

Beim Kranz können Sie es sich auch einfach machen, indem Sie einen fertigen im Bastelgeschäft oder Blumenladen kaufen. Achten Sie auf eine schöne Form und eine ausreichende Höhe für das Reagenzglas.

Blumen im Weckglas

Es muss ja nicht immer eine Vase sein. Als Gefäß für kleine Blumenarrangements können auch einfache Weckgläser aus der Küche hübsch aussehen. Jetzt, wo der Frühling die ersten Farben in die Gärten trägt, passen sanfte Pastellfarben besonders gut.

Material

- Weckgläser in verschiedenen Größen
- Stoffreste
- Bänder
- Schere
- doppelseitiges Klebeband

1_ Farblich passende Stoffreste und Bänder zusammenstellen. Vor dem Zerschneiden empfiehlt es sich, die Stoffteile erst probeweise um die Weckgläser zu wickeln, um sicherzugehen, dass nichts unnötig zerschnitten wird.

2_ Ist die Auswahl getroffen, die Stoffstücke in der jeweils für das Glas passenden Größe zurechtschneiden und dann mit kleinen Stücken doppelseitigen Klebebands befestigen.

3_ Anschließend das Glas mit Bändern und Schleifen verzieren und einen passenden Blumenschmuck pflücken.

Tipp Noch schneller kann eine individuelle Vase mit Masking-Tape gezaubert werden. Verwenden Sie hierfür jedoch lieber ein glattes Glas, das lässt sich besser bekleben.

Tischgarten

Die kleine Parkanlage für Ihre Kaffeetafel! Auf verspielten alten Torten-platten oder Etageren werden heute kleine Pflanzenarrangements »serviert«. Da werden Ihre Gäste Augen machen …

Material

- Kuchenplatte
- Steinsplitter
- Moos
- große Steine oder Muscheln
- Blumenerde
- kleine Pflanzen

1_ Verteilen Sie kleine Steinsplitter auf der Kuchenplatte. Schaufeln Sie anschließend kuppelförmig Blumenerde auf die erste Schicht Steine.

2_ Bedecken Sie die Blumenerde mit Moos, das Sie sauber am Rand ab-schneiden. Zum Bepflanzen reißen Sie kleine Löcher in das Moos und drücken die Pflanzen in den darunterliegenden Erdhügel. Dann drücken Sie das Moos um die Pflanzen herum wieder leicht an.

3_ Um Ihren kleinen Tischgarten komplett zu machen, arrangieren Sie deko-rative Steine oder Muscheln auf dem Moos.

Tipp Dieses kleine Kunstwerk lässt sich am besten mithilfe einer Wasser-sprühflasche bewässern. Damit das Moos nicht so leidet, sollte es nicht der prallen Sonne ausgesetzt werden.

Blüten im Gugelhupf

Eine Ruck-Zuck-Dekorationsidee für Spontane: Heute wird nicht Kuchen in die Form gefüllt, sondern Wasser, Schwimmkerzen und einige schöne Blüten. Günstig, schnell und einfach umzusetzen, denn die Materialien finden sich meistens in Haushalt und Garten.

1_ Damit das Wasser nicht trüb wird, Kieselsteine gründlich waschen, bevor sie in die Form gegeben werden. Dann bis etwa 5 cm unter dem Rand Wasser in die Kuchenform füllen.

2_ Auf die Wasseroberfläche viele kleinere Blüten setzen. Mischen Sie dabei Formen, Farben und Größe des Blumenschmucks – so wirkt das Arrangement lebendiger. Eine klarere Sprache spricht diese Dekoration mit nur einer Sorte Blüten.

3_ Jetzt nur noch Schwimmkerzen zu den Blüten ins Wasser setzen und schon ist sie fertig, die schwimmende Deko für Terrasse und Gartentisch. Wer so wenig Zeit für die Dekoration benötigt, hat sicher noch Zeit, einen Kuchen zu backen!

Material
- Kieselsteine
- Gugelhupfform
- Schwimmkerzen
- Blüten

Tipp

Verwenden Sie Blüten, die abgebrochen sind, oder solche, die an einem Strauß hängen, der bereits zu welken beginnt. Wenn die Blüten im Wasser liegen, erhalten Sie noch einmal einen Frischekick und sehen länger schön aus.

Sommerkranz

Üppige Laubbäume, blühende Wiesen und Beete, wohin das Auge schaut. Ein schlichter Türkranz in frischen Farben bringt die gute Laune, die der Sommer verbreitet, noch mehr in Schwung und mit jedem Öffnen der Türe, an der er hängt, mit ins Haus.

Material

- Styroporkranz, 35 cm Durchmesser
- ca. 5 Stoffstreifen, 6 × 140 cm
- Stecknadeln
- Textilblüten
- Heißklebepistole und Heißkleber
- farbige Baumwollschnur

1_ Alle Stoffstreifen aus einem dünnen Baumwollstoff in der gleichen Breite zuschneiden. Einen Streifen an der Rückseite des Styroporkranzes mit einer Stecknadel feststecken.

2_ Den Styroporkranz mit den Stoffstreifen umwickeln (die Innenseite immer etwas enger wickeln als die Außenseite) und dabei auf eine gleichmäßig breite Überlappung der Bahnen achten. Den Stoff immer wieder an der Rückseite feststecken, damit er nicht verrutscht.

3_ Ist der Kranz vollständig umwickelt, die Blüten probeweise darauf anordnen. Um das Ende der Stoffstreifen zu bedecken, empfiehlt es sich, die Blüten über dieser Stelle zu befestigen. Sind die Positionen bestimmt, die Blüten mit Heißkleber festkleben.

4_ Für die Befestigung an einer Türe nun noch eine hübsche Baumwollschnur mit Stecknadeln anbringen und den Kranz aufhängen.

Tipp Mit etwa 40 Papierschirmchen, am besten in zwei verschiedenen Größen, die in einem Styropor- oder Weidenkranz stecken, können Sie im Handumdrehen einen poppig-frischen Eyecatcher für die anstehende Sommerparty zaubern.

Dosen-Deko

Manche Ideen für eine Dekoration mit frischen Blumen sind ganz einfach, aber trotzdem effektvoll. Benutzen Sie alte, dekorative Blechdosen als Vase für den Sommerstrauß. Diese Idee ist für eine nette Tischdekoration im Freien sowie in der Wohnung geeignet und praktisch, wenn gleich die Gäste kommen.

1_ Einige Blechdosen, die in Form und Farbe harmonieren, zusammenstellen und passende Schnittblumen auswählen.

2_ Den Strauß in einem Glas mit Wasser arrangieren und es anschließend in die Blechdose stellen. Um einen Höhenunterschied zwischen Blumen und Dose auszugleichen und den Strauß gut in Szene zu setzen, ein kleines Stück Steckschaum in das Glas legen.

3_ Nun noch die bestückten Dosen in einem Arrangement aufstellen – vielleicht mit einer passenden Tischdecke oder weiteren Dosen, in denen Snacks serviert werden? Nicht vergessen, die Blumen von Zeit zu Zeit anzuschneiden und mit frischem Wasser zu versorgen.

Material

- dekorative Blechdosen
- kleine Gläser, die in die Dosen passen
- Schnittblumen
- ggf. Steckschaum

Tipp Stellen Sie die Blumen nie direkt in eine mit Wasser gefüllte Dose. Das Blech könnte rosten und die Blumen werden schneller welk. Sollen die Dosen selbst einen rostigen Look bekommen, folgen Sie der auf Seite 29 beschriebenen Methode.

Tisch-Teich

Ein eigener Teich im Garten ist der Traum vieler. Aber nicht jeder hat auch die Möglichkeiten und den Platz dafür. Abhilfe schafft dieser Miniteich, den Sie in einer Vase gestalten können. Inklusive Wasserpflanze und Fisch ist der Blick darauf jedes Mal wie eine kleine Erfrischung fürs Auge.

1_ Die Kieselsteine gründlich waschen, um Staub und Dreck zu entfernen – sonst wird das Wasser schnell trüb. Einige der gröberen Steine zur Seite legen, den Rest in die Vase geben.

2_ Das Glas etwa zur Hälfte mit Wasser füllen, und die Wasserpflanze in die Kieselsteine einsetzen, bis sie festen Halt hat. Die größeren Steine und einige Muscheln zur Dekoration in der Vase verteilen und diese dann vollständig mit Wasser füllen.

3_ Als Letztes den Fisch hineinlegen und die Vase an einem sicheren Ort aufstellen.

Material

- Kieselsteine
- Bodenvase
- Muscheln oder ähnliches Strandgut
- Wasserpflanze (z. B. aus dem Baumarkt oder Zoofachhandel)
- Plastikfisch (aus dem Spielwarengeschäft)

Tipp Legen sie ein Stückchen Marmor oder Schiefer in das Wasser und stellen Sie die Vase an einem schattigen Platz auf – so verhindern Sie Algenbildung.

Hängende Stoffvase

Blumen dürfen auch mal am Haken pendeln und so die kleinsten Ecken schmücken! Eine besonders gute Figur macht die Hängevase natürlich an der selbstgemachten Zaunwand (Anleitung auf Seite 36) …

1_ Reißen Sie aus einem Stück gemusterten Baumwollstoff einen etwa 5 cm breiten Stoffstreifen.

2_ Bestreichen Sie den Stoffstreifen mit Stoffsteif und legen Sie ihn sorgfältig und möglichst faltenfrei um eine kleine Vase oder ein Windlicht.

3_ Lassen Sie den Stoff entsprechend der Herstellerangabe trocknen. Nun können Sie noch mit einem Stück Silberdraht eine Aufhängung anbringen und die Vase mit Blumen bestücken.

Material

- Windlicht oder Minivase
- Schere
- Baumwollstoff
- Stoffsteif
- Silberdraht

Tipp Sie können sämtliche Untergründe mit dieser Technik bekleben – Töpfe, Möbel, kleine Fliesen als Untersetzer und, und, und …

Herbstkranz

Schön knallig und mit einem ganz frischen Farbtupfer, nämlich angesagtem Neon, kommt dieser Herbstkranz an die Türe. In Verbindung mit dem natürlichen Braun von getrockneten Reben eine spannende Kombination, die wunderbar in diese Jahreszeit passt.

1_ Als Erstes die Trockenblumen und -früchte mit der Neonfarbe lackieren. Dafür alle Teile auf eine stabile Unterlage legen und aus etwa 30 cm Entfernung gleichmäßig ansprühen, ohne den Sprühnebel einzuatmen. Nach einer ausreichenden Trockenzeit umdrehen und die noch braunen Stellen ebenfalls lackieren. Abschließend mit Klarlack versiegeln.

2_ Nun aus den Reben einen Kranz mit etwa 25 cm Durchmesser binden. Mehrere kleine Bündel zum Kreis biegen und mit Blumendraht in der Form fixieren.

3_ Um ein stimmiges Gesamtbild auf dem Kranz zu erreichen, die pink lackierte Naturdeko zuerst versuchsweise anordnen und so die beste Position herausfinden. Dann die einzelnen Teile mit einigen Tupfern Heißkleber bestreichen. Zügig am Rebenkranz festdrücken. Einzelne Stiele und abstehende Früchte mit Blumendraht fixieren, damit keine störenden Heißkleberspuren sichtbar sind. Eine kleine, aufgeklebte Schleife rundet die Dekoration am Kranz ab.

4_ Sind alle Teile angebracht, noch das Band befestigen, oben einen Knoten binden und den Kranz an einer passenden Stelle aufhängen.

Material

- Trockenblumen und -früchte (Eukalyptus, Zypressen, Zapfen, Nüsse …)
- Lacksprühdose in Neonpink
- Klarlack
- Bund Weinreben (oder Zweige, Weiden)
- brauner Blumendraht, 0,35 mm
- Heißklebepistole und Heißkleber
- Dekoband in Neon

Tipp

Experimentieren Sie auch bei anderen Projekten mit dem Kontrast zwischen natürlichen Materialien und unnatürlichen Farben. Sie werden über die aufregenden Ergebnisse erstaunt sein.

Blätter-Bild

Blätter in allerlei Farben und Formen fallen dieser Tage von den Bäumen. Diese lassen sich gut zu kleinen Kunstwerken arrangieren und in einem Bilderrahmen festhalten. So erfreuen wir uns noch lange an ihrer natürlichen Schönheit – auch wenn das Laub auf dem Gehsteig schon zusammengefegt wurde.

1_ Beim Spaziergang oder im Garten die schönsten Blätter sammeln. Diese zwischen Schichten von Papier und schweren Büchern oder mithilfe einer Blattpresse trocknen und pressen.

2_ Die Unterseite eines Bilderrahmens mit einem Bogen Papier auslegen und die gepressten Blätter nach Geschmack arrangieren. Hier wurde ein neutrales Grau als Untergrund genommen und auch die Struktur des leicht zerknüllten Papiers genutzt – so entsteht noch etwas mehr Bewegung im Arrangement.

3_ Damit die Blätter nicht durcheinanderwirbeln, kleine Tropfen von Bastelleim auf die Unterseite der Blätter streichen und diese auf dem Papier festkleben.

4_ Das fertige Arrangement mit dem Glas des Bilderrahmens abdecken, an der Rückseite verschließen und aufhängen.

Material

- getrocknete gepresste Blätter
- Bilderrahmen
- Papierbogen in einer neutralen Farbe
- Bastelleim
- Pinsel

Tipp
Besonders störrische Blätter können durch Bügeln in Form gebracht werden. Schalten Sie das Bügeleisen auf die niedrigste Stufe und legen Sie beim Bügeln Papierschichten dazwischen.

Winterkranz

Wohlig-wollige Wärme und Gemütlichkeit strahlt dieser Türkranz mit grauer Filzkordel und rotem Pfeffer aus. Das können wir jetzt in der kalten Jahreszeit gut gebrauchen und freuen uns jedes Mal, wenn wir vor der Türe stehen.

1_ Das Zeitungspapier in mehreren Schichten um den Drahtring legen, festdrücken und rundherum mit Klebeband fixieren. So entsteht ein etwa 3 cm dickes Grundgerüst. Auf eine gleichmäßig runde Form achten.

2_ Den Anfang der Filzkordel auf der Rückseite des Kranzes mit einer Stecknadel feststecken, eine Schlaufe stehen lassen und dann die Filzschnur eng um den Papierkranz wickeln. Die Innenseite wird immer etwas dichter gewickelt als die Außenseite. Die Kordel immer wieder mit Stecknadeln fixieren, und am oberen Ende die Schlaufe gut umwickelt feststecken.

3_ Ist der gesamte Kranz von der Filzkordel bedeckt, geht es an die Verzierung. Mit dünnem Silberdraht den roten Pfeffer am Filzkranz befestigen. Dabei nicht zu sehr am Draht ziehen, sonst zerbrechen die feinen Zweige. Den Draht immer vorsichtig unter die Filzkordel schieben, damit er nicht zu sehen ist. Zum Schluss noch einen Dekostern mit etwas Heißkleber befestigen.

Material

- Drahtring mit 20 cm Durchmesser
- Zeitungspapier
- Klebeband
- Filzkordel, ca. 1 m
- Stecknadeln
- Silberdraht
- roter Pfeffer
- Dekostern aus Holz
- Heißklebepistole und Heißkleber

Tipp   Damit der Kranz auch im nächsten Winter noch schmückend aussieht, muss der filigrane rote Pfeffer gut geschützt werden. Zur Aufbewahrung am besten einen großen Pappkarton und Zeitungspapier verwenden.

Goldtöpfchen

Zur Weihnachtszeit darf es auch mal ein bisschen funkeln. Mit Blattmetall können Sie alte Gefäße in Prachtstücke verwandeln, die auf der Fensterbank, kombiniert mit schlichtem Weiß, einen glänzenden Auftritt haben.

1_ Als Erstes das Gefäß, das Sie verschönern möchten, gründlich mit Wasser und Spülmittel reinigen, damit es fettfrei und sauber ist. Ist es getrocknet, mit dem Pinsel gleichmäßig die Anlegemilch dünn auftragen. Etwa zehn Minuten antrocknen lassen.

2_ Das Blattgold während der Trockenzeit vorsichtig in passend große Stücke zerschneiden und dann mit einer Pinzette gut auf dem Gefäß platzieren. Achtung: Ist die hauchdünne Folie einmal mit der Anlegemilch in Berührung gekommen, lässt sie sich nicht mehr korrigierend verschieben! Das Gefäß rundherum mit dem Blattgold bedecken und am Ende alles sanft mit einem Stofftuch festreiben.

3_ Nun geht es an die »Bepflanzung«. Das Trockenbäumchen mit Lack weiß ansprühen und gut trocknen lassen. Aus dem Steckschaum einen Kern zurechtschneiden, der sich fest in das Gefäß anpasst. Zur Abdeckung des Steckschaums an der Oberfläche einen weißen Karton in der passenden Größe zurechtschneiden und mit durchsichtiger Klebefolie kaschieren.

4_ Die weiß lackierte Pflanze in den Steckschaum drücken, eine Aussparung an der entsprechenden Stelle in den Kartondeckel schneiden und diesen abschließend als Abdeckung auflegen.

Material

- kleines Gefäß (besonders schön mit einer strukturierten Oberfläche)
- Anlegemilch
- Pinsel, fein
- Blattgold
- Schere
- Pinzette
- Stofftuch
- getrockneter Mini-Baum oder Äste
- Sprühlack in Weiß
- Steckschaum für Trockenblumen
- Schneidemesser
- weißer Karton
- Klebefolie

Tipp Halten Sie die Finger beim Hantieren mit dem Blattgold stets sauber und vor allem frei von Klebstoff. Das dünne Blattgold zerreißt sehr leicht und lässt sich in kleinen Stücken eher mühsam anbringen.

Zapfen-Kette

Zapfen sind ein echter Klassiker der Winterdekoration. In Kombination mit Gold und Weiß zaubern Sie so im Nu winterliche Stimmung und haben im Handumdrehen einen echten Eyecatcher an der Türe hängen.

1_ Als Erstes ein wenig weißen Acryllack auf alle Spitzen der Zapfen auftragen und alles gut trocknen lassen.

2_ Da die großen Zapfen manchmal sehr hart sind, anschließend mit dem Akkubohrer ein kleines Loch in die Oberseite bohren. Hier wird nun der Ringhaken festgeschraubt.

3_ Sind alle Zapfen mit einem Haken ausgestattet, kommt die Befestigung mit Goldband an die Reihe. Dafür einfach das Band durch den Ring ziehen, festknoten und eine langes Stück von etwa 1 m übrig lassen.

4_ Die Zapfen an den Bändern in unterschiedlicher Höhe zusammenfassen und oben einen Knoten machen. Wer möchte, kann das Band mit weißen Pompons verzieren. Die fertige Kette an der Türe, im Hausflur oder auf der Veranda aufhängen.

Material

- große Pinien- oder Tannenzapfen
- Acryllack in Weiß
- Pinsel
- Akkubohrer
- goldene Ringhaken, 5 mm
- goldenes Dekoband
- weißes Pomponband

Tipp Viele Zapfen wie eine Girlande nebeneinander am Band befestigen und so am Gartenzaun aufhängen.

Winterstrauß

Ein schöner Strauß muss ja nicht immer aus Schnittblumen sein – hier kommt eine winterliche Variante mit hellen Zweigen, die schnell umgesetzt werden kann und für die Sie nur wenig Material benötigen.

1_ Die Zweige gegebenenfalls auf die gewünschte Länge zusägen und Holzsplitter mit dem Schleifpapier glätten.

2_ Das (schönere) Ende der einzelnen Zweige jeweils mit einer kleinen Schleife verzieren und in der Hand ausprobieren, welcher Ast welchen Platz im Arrangement bekommen soll.

3_ Für festen Halt im Blumentopf soll der Steckschaum sorgen. Mit dem Schneidemesser ein passendes Stück zuschneiden und in das Gefäß drücken.

Tipp Statt mit umgebundenen Schleifen sehen die Zweige auch bemalt sehr schmückend aus. Verwenden Sie unterschiedliche Pinselstärken und Acrylfarbe, um schlichte Muster rund um das Holz zu malen. Auch eine schöne Idee, wenn Sie mit Kindern basteln!

Material

- ein Bund getrockneter Zweige
- Säge
- feines Schleifpapier
- schmales, rotes Dekoband
- Schere, Schneidemesser
- Blumenvase oder -topf
- Steckschaum für Trockenblumen

Alle Ideen auf einen Blick

Schick gepflanzt

Typotopf 27
Mehrwegdosen 29
Topfgarten 31
Blumenkoffer & Stuhl 33
Rindentopf 34
Zaungäste 36
Pflanzgefäße aus Beton 38
Hängende Gärtchen 43
Pflanzkisten 45
Pflanzschilder 47
Kommod(e) 49
Begrünte Küchenhelfer 50
Sortierte Sukkulenten 52
Begrüntes Sitzmöbel 54
Geschnürte Blumen 56
Tonleiter 61
Topf-Husse 63
Klemmbrett 65
Freundlicher Butler 66

Deko-Lust im Grünen

Wimpelkette 70
Bemalte Kiesel 72
Pompon-Parade 74
Hängende Vasen 79
Hula-Hoop-Windspiel 81
Bunte Baumstümpfe 82
Ast-Ärmel 84
Pappmaché-Pilze 86
Spitzen-Kürbisse 89
Vogelfutterstation 91
Kleiderbügelherz 94
Scherenschnitt 96

Zimmer mit Ausblick

Liegestuhl 101
Biertisch à la carte 103
Bierbank-Sitzkissen 105
Kerzenvoliere 106
Schaukelstuhl 108
Kissenschlacht 111
BBQ-Station 113
Schublade 114
Schreibtisch 116
Schreibtischstuhl 118
Menage 121
Märchenbett 123
Baldachin 124
Schaukeltisch 126
Obstkisten-Tablett 128
Spitzen-Deckel 130
Kinderstühle 135
Schultafel 136
Hundehütte 138
Bunter Fußabtreter 140

Florales für drinnen und draußen

Frühlingskranz 144
Blumen im Weckglas 146
Tischgarten 148
Blüten im Gugelhupf 151
Sommerkranz 152
Dosendeko 154
Tischteich 156
Hängende Stoffvase 159
Herbstkranz 161
Blätter-Bild 162
Winterkranz 164
Goldtöpfchen 166
Zapfen-Kette 169
Winterstrauß 170

Adressen, die Ihnen weiterhelfen

**Blooms –
Wildflowers & Bouquets**
Marienplatz 12
70178 Stuttgart
www.blooms-stuttgart.de
*Rollender Blumenladen mit
liebevoll zusammengestellten
Arrangements.*

BUTLERS GmbH & Co. KG
Hohenzollernring 16–18
50672 Köln
www.butlers.de
*Dekoartikel und hübsche
Gebrauchsgegenstände für
drinnen und draußen.*

**CAMPO VERDE
Häussermann Stauden +
Gehölze GmbH**
Im Kornfeld 4
71696 Möglingen
www.haeussermann.com
*Stauden und Gehölze, selbst
gezüchtet und fachkundig
verkauft.*

**FACKELMANN GmbH & Co.
KG**
Sebastian-Fackelmann-Str. 6
91217 Hersbruck
www.fackelmann.de
*Haushaltszubehör von der
Backform bis zum Trinkhalm.*

**KNORR prandell Creative
GmbH**
Michael-Och-Straße 5
96215 Lichtenfels
www.kp-creative.de
*Modelliermasse, Floristenbedarf
und viele weitere Bastelartikel.*

Kürbiskunst
Aachener Str. 1141
50858 Köln
www.kuerbiskunst.com
*Faszinierend echt aussehende
Kürbisse und passendes
Schnitzwerkzeug.*

Marabu GmbH & Co. KG
Asperger Straße 4
71732 Tamm
www.marabu.de
*Farben aller Art, Pinsel,
Schablonen und Spezialkleber.*

NaDeco
Wolfsloh 9
29633 Munster
www.nadeco.de
*Trockenblumen, Zapfen und
viele exotische Naturmaterialien.*

Rayher Hobby GmbH
Fockestraße 15
88471 Laupheim
www.rayher-hobby-shop.de

*Sehr großes und gut sortiertes
Angebot an Materialien, die
zum dekorativen Basteln notwendig sind.*

Stoff-Versand stoff4you.de
Schluchweg 2a
78166 Donaueschingen
www.stoff4you.de
*Verschiedenste Stoffe, Bänder
und fertige textile Produkte.*

Wächter Gartencenter
An der Brandshütte 1
40699 Erkrath
www.waechter-gartencenter.de
*Blumen, Blumenerde, Dränage,
Kiesel, Kräuter, Moos, Sukkulenten, Blumentöpfe, Dekorationen.*

Und noch mehr nützliche Materialquellen

www.limetrees.de
Stoffe & Wachstuch

www.servietten-shop-diana.de
Servietten

www.lauraashley.com
www.pipstudio.com
Tapeten

Bildnachweis

Danksagungen

Der BLV Buchverlag und die Autorinnen danken herzlich
allen obengenannten Firmen für die Unterstützung bei
der Erstellung dieses Buches!

Über die Autorinnen

Als Stylistin und Expertin für Möbelgestaltung schlägt das Herz von **Tanja Kosub** für die schönen Dinge rund ums Wohnen. Mit ihrer langjährigen Erfahrung steht die gelernte Dekorateurin für treffende Konzeptentwicklungen und außergewöhnliche Kompositionen – on der ersten Idee bis hin zur handwerklichen Umsetzung. Unter dem Label ATELIERWERK verwandelt die Düsseldorferin in Ihrer eigenen Werkstatt Flohmarktfunde in echte Lieblingsstücke und veranstaltet Kreativworkshops. Unter www.atelierwerk.de stellt sie ihre kreativen Ideen und Projekte vor.

Leidenschaft fürs Gestalten spricht aus **Shanthi Schwinges** Ideen. Sie liebt das Spiel mit verschiedenen Stilen und lässt sich dabei gerne von der Umgebung und ihren Kindern inspirieren. Ihr Repertoire reicht von der Planung und Dekoration von Events über Set-Design für Foto-Shootings bis hin zu Auftragsproduktionen von DIY-Ideen. Natürlich ist die junge Kreative auch online aktiv – unter www.tschikkes.de zeigt sie selbst genähte Unikate ihres eigenen Labels, die ruckzuck zu echten Lieblingsstücken werden.

Impressum

Bibliografische Information der Deutschen Nationalbibliothek

Die Deutsche Nationalbibliothek verzeichnet diese Publikation in der Deutschen Nationalbibliografie; detaillierte bibliografische Daten sind im Internet über http://dnb.d-nb.de abrufbar.

BLV Buchverlag GmbH & Co. KG

80797 München

© 2015 BLV Buchverlag GmbH & Co. KG, München

Umschlagkonzeption: Eva Schneider
Umschlagfotos:
   Vorderseite: Rafael Pranschke
   Rückseite: Patricia Neligan (links, rechts); Rafael Pranschke (Mitte)

Lektorat: Mareike Kress, Sonja Forster
Herstellung: Angelika Tröger
DTP: Uhl + Massopust, Aalen

Gedruckt auf chlorfrei gebleichtem Papier

Printed in Slovakia
ISBN 978-3-8354-1357-3

Hinweis
Das vorliegende Buch wurde sorgfältig erarbeitet. Dennoch erfolgen alle Angaben ohne Gewähr. Weder Autorinnen noch Verlag können für eventuelle Nachteile oder Schäden, die aus den im Buch vorgestellten Informationen resultieren, eine Haftung übernehmen.

 www.facebook.com/blvVerlag

Grüne Deko fürs Zuhause: Ideen mit und aus Pflanzen

Fee Jasmin Rompza
Pflanzen-Deko kreativ & selbstgemacht
Originelle Deko-Ideen mit, aus und für Pflanzen – vom Übertopf bis
zur Tischdeko · 50 außergewöhnliche Projekte zum Selbermachen,
mit denen Wohnräume ein grünes Gesicht bekommen · Schritt-für-
Schritt-Anleitungen, Material-Listen und Bezugsquellen.
ISBN 978-3-8354-1074-9